Let's practice Career Counseling!

キャリアカウンセリング実践

● 24の相談事例から学ぶ

渡辺三枝子 編著　Mieko Watanabe

大庭さよ・岡田昌毅・河田美智子・黒川雅之
田中勝男・中村 恵・道谷里英

ナカニシヤ出版

目　次

　　はじめに　*3*
　　事例から学ぶ：事例分析のフレームワーク　*8*
　　事例の使い方：事例をどのように活用して学んでいくか？　*14*

事例 01　先生に言われてきました：高校生の就職………………… *17*

事例 02　たらい回しにされた学生……………………………………… *23*

事例 03　今から教師になれますか……………………………………… *31*

事例 04　母親に伴われた失業中の女性………………………………… *38*

事例 05　情報に翻弄される就活大学生………………………………… *44*

事例 06　転職相談で母親がついてきた三者相談……………………… *52*

事例 07　営業を続けていく自信がありません………………………… *58*

事例 08　海外留学はしたけれど………………………………………… *66*

事例 09　成長している実感がつかめない……………………………… *72*

事例 10　前みたいに働けるか不安です（復職者）…………………… *81*

事例 11　仕事がハードすぎて体を壊しそうです……………………… *87*

事例 12　仕事にむいていない…………………………………………… *93*

事例 13　ストレスチェックの結果がなんとも………………………… *99*

事例 14　同僚が急に冷たくなって……………………………………… *106*

事例 15　育児休暇をとったらどうなる？……………………… *111*

事例 16　仕事のモチベーションが上がらない……………… *118*

事例 17　就職指導で悩む教員………………………………… *124*

事例 18　一刻も早く復職したい……………………………… *132*

事例 19　私がやるしかない業務だとわかってはいるのですが…… *139*

事例 20　パフォーマンスの改善を求められて……………… *144*

事例 21　管理職試験を受けた方がいいのか？……………… *150*

事例 22　もう一花咲かせろと言われても…………………… *155*

事例 23　50 代半ばで NPO に転職したい…………………… *163*

事例 24　ハローワークを頼る高齢求職者…………………… *169*

　今後に向けて：激変する環境のなかでのカウンセラーの役割　*176*
　後　　記　*181*

コラム

コラム①　なぜ質問することを難しく感じるのか：実体験をもとに　*29*
コラム②　メタ認知：カウンセラーの自問自答の質を高めるために必要な能力　*51*
コラム③　経験学習の考え方　*79*
コラム④　EAP の役割　*98*
コラム⑤　障がい者に対するキャリア支援　*130*
コラム⑥　リワークについて　*138*
コラム⑦　キャリアカウンセラー育成の立場から思うこと　*161*
コラム⑧　カウンセリング心理学における文脈主義と社会構成主義　*175*

はじめに

実践例を通して学ぶことを目指した理由

　私どもは，2013年に『キャリアカウンセリング再考―実践に役立つQ＆A』（ナカニシヤ出版）を上梓しました。その理由は，キャリアカウンセリングが，予想していた以上に日本の労働政策において注目され続け，キャリアコンサルタント（あるいはキャリアカウンセラー）という資格の保有者が増加し続けるという現実を目にしたことにありました。そして，有資格者の増加に比例するように，私どもは，「自分の相談活動に自信がもてず，個々の来談者に対してはもちろん，社会の期待にも応えられないのではないか」と真剣に悩む有資格者と出会う機会が増えました。そのような人々のなかで，スーパービジョンを求めたり，新たな技法や理論を学ぶ学習の場に参加するという積極的な行動をとられる方々も増えました。

　上記の書は，そのような真面目に学びたいと願う資格保有者が「自分で学び続ける」ために少しでも役立つ情報を提供したいという願いから，疑問や誤解に応える形で編纂しました。しかしその後，私どもは，スーパービジョンや基礎理論や実践論に関する研修などで出会った資格保有者の方々の熱心な学習への期待と不安の根底には，資格取得のための訓練課程に根本的な課題があるのではないかという仮説を立てるに至りました。まず私どもが出会った有資格者の方々の迷いや不安を集約してみた結果，いくつかの問題に分類することができました。具体的には，キャリアコンサルタント（カウンセラー）の学習・訓練がスキルや技術，あるいは特定の理論の学習に偏重しており，そうしたスキルや技術の背景にある理念について学習する機会が極端に少ないことに気づきました。その背景には，キャリアカウンセリングという専門的行為と，カウンセラーという専門職についての基本的理解の不足があり，そのため，実践的指導方法の不足と，科学としてカウンセリングについての基礎知識が提供されていないこと，さらに，日本におけるカウンセリング心理学というキャリアカウンセリングの基盤となる心理学が確立されていないことが原因と考えられます。

　その結果，すでにいろいろな理論や技法を学習してきた資格保有者，およびこれからキャリアカウンセラー（コンサルタント）の資格を取ろうと考える人々に役立つ現実的な資料を提供しなければならないと考えるに至り，本書が企画されました。

本書の仮説と方法

　本書は，身近な事例，しかもカウンセリングにおいて最も重要な場面である開始時間帯（クライエントとカウンセラーの具体的な対話場面）を中心に取り上げ，理論的違いを超えて，カウンセリングに共通する基礎的特徴，そしてよく知られたスキルや技法，態度について，その本来の意味を伝えられるような方法を用いることとしました。

　評価していただいている『キャリアカウンセリング再考』であっても，多くの読者から，「事例

がほしい」とか「実践していて理論をどのように使ったらいいのかわからない」「筆者らのカウンセリングの進め方を知りたい」等のご要望をたびたびいただきました。そこで，そのような要望にどのように答えればよいかを多様な角度から議論を重ねました。「クライエントが自己理解を深めて成長するようになるカウンセリングの実際を知ればカウンセリングがわかる」と表されますが，現実には，「有能なカウンセラーになりたい」という願望と，日ごろの自分に自信がもてない不安をもつ方々が多いのかもしれないという仮説に至りました。

　「もしそうであるなら，そうした要望に応えるために何ができるか」について多様な視点から議論し合いました。「事例を求められる方々が，カウンセリング場面でクライエントと向かうなかで，どのような経験をしているのか？」を考える必要があることに気づきました。つまり，事例を求める方々の多くは「自分がクライエントの役に立つためにもっと質問をしたいが，それはカウンセリングではないのではないか」とか，「一回だけの面談では自己理解には至らない」など，学習の内容と日ごろの実践とが一致しないために悩むとか，「自分の行為はカウンセリングといえるのか」という疑心暗鬼になり，自分自身が不自由になる人が多いことにも気づきました。その議論の結果，私どもは以下のような仮説にたどり着きました。その仮説とは，カウンセリングという援助プロセスそのものや，技法やスキルが依拠する心理学の理論や人間観について理解する機会がないまま，技法を学ぶからではないか，言い換えると，カウンセリングとは特定の技法のことであると思い込んでいる人が少なくないのではないか，という仮説です。「カウンセリング」という援助プロセスが依拠する本質的な人間観や理念について日本ではほとんど取り上げられていないという結論にも至りました。なぜ関係構築が重要なのか，なぜ受容的態度や自己理解が必要なのか，情報提供やアドバイスは何時必要なのか等々について，解答をもつキャリアカウンセラーは多くないように見受けられます。これらの疑問に対する解答を得ずして，実践しなければならないとしたら不安が高まるのも当然だと思います。

　他方で，事例は具体的な問題解決への介入をするためには参考になりますし，理論によって介入の視点が異なることを学習するのにも有益です。しかしその場合も，カウンセラーとクライエントがともに解決すべき問題や課題が明確になり，クライエントが自分なりに具体的な問題を解決することに自分をかける決心をしていることが前提と考えます。

　以上のような議論の積み重ねの結果，『キャリアカウンセリング再考』を補い，発展させられる資料として，理論の解説や理屈ではなく，カウンセラーとクライエントとの間で繰り広げられるカウンセリング場面の実際を手段として，日本で軽視されがちな基本的理念や価値観と人間観を紹介することに集中することで意思統一ができました。例えば「関係構築とはどのようなことか，なぜ意味があるか」とか，「自己理解はどのような行為であり，対話をとおして，どのようなプロセスで，それが起こるのか」「カウンセラーの見立てと自己決定とはどういうプロセスを取るのか」「クライエントの意思決定を促すとは具体的にどのような行動で起こるのか」等々を，カウンセリングの基盤である「対話」というプロセスをとおして示す方法（事例）なら，望ましい話し方や質問の仕方の模倣例とはならず，むしろ，カウンセラー（コンサルタント）一人ひとりが自分で

はじめに

自分なりの独自の行動（話し方）を考え，発展させるのに役に立つかもしれない，と考えました。

本書を貫く執筆者らの願い

私どもの強い願いは，「キャリアカウンセラー（キャリアコンサルタント）の学習をした人がその人らしさを生かして，専門家として社会で活躍してほしい」ということと，「私たちのコピーは決してつくりたくない」ということです。今でもその信念は変わりません。しかし他方で，『キャリアカウンセリング再考』では応えられなかったこともあり，もっと基本的なこととして，カウンセラーの全活動はクライエント（他者）との関係のうえで実践されるという原点に戻り，人間関係の有意義な質に気づくことを，対話を通して示すことができるかもしれない。その方法を考えてみよう，という結論にたどり着きました。

この結論が本書という形になるのには3年余にわたる執筆者間の議論を要しました。前回の結論がたびたびは白紙に戻ることもありました。しかしこの経験は各自が自分の経験を振り返り，自己を確かめる機会となり，一人ひとり自分を前に進める力になったという実感をもてています。また，執筆中に取り上げた24の事例と向かい合うことが，私ども一人ひとりにとって「自己との対話のプロセス」の材料となり，私どもが『カウンセリング再考』で言わんとしたことを実現してみることにもなったと思います。24の事例は架空のものですが，私どもが一人のカウンセラーとして，クライエントと対話するプロセスにおける個人的な経験を明らかにすることを体験することができました。

本書が前書の不足分を補い，読者のお役に立つことができれば幸いです。私どもにとりましては，日ごろの自分を振り返る機会となり，新たな気づきだけでなく，カウンセリング心理学および心理学全般の最近の動向を学ぶことができましたので，非常によい学習の機会となりました。社会環境の大きな変化に直面している現在，他の国々のカウンセリング心理学者や実践家が過去を振り返りながら，未来に生きる人々に必要な課題を直視していることを知ることができたことも，本書を編む経緯を提供くださった実践家や研修受講者の方々のご意見のおかげです。私どもも新たな学びの経験ができたことに改めて気づき，対話から新たなものが生まれるという対話の価値と，勇気をもって挑戦することで，予期せぬ学びができることを体験できました。

本書の活かし方

本書は，キャリアカウンセリングを実践されている方々一人ひとりが自信と責任をもって，混迷の深まる産業界，教育界そして社会全般に貢献できることを目標として，構成しました。作成した事例は24です。とても少ないと思われるかもしれませんが，本書は事例の解決策を例示するものではありません。それはあまり役に立たないと考えています。なぜなら，二人と同じ人がいないように，世の中には二つと同じ事例は存在しないと考えるからです。

本書はとりあえず，キャリアについて考えるのに役立つ相談のプロセスを通して，一人ひとり異なるクライエントに対応できるカウンセリング力の向上を目指しています。クライエントも独自な存在ですがカウンセラーも一人ひとり独自な存在であるという立場を取りますので，各カウ

ンセラーが自分自身の実践を「振り返る姿勢と視点」をもつことが，自分自身を成長させるための早道と考えます。本書ではこの目的に必要と思われる事例を挙げました。本事例は読者の皆さまがご自分の実践を振り返り，課題を見出す材料として提供しました。

　本書の活かし方について，もう少し詳しく以下に述べさせていただきます。本書はカウンセリング実践のモデルを紹介するためのものではありません。あくまでも，読者の皆さまに，専門家として，「自分なら，このようなクライエントと出会ったなら，どう考え，どう応答し，どのように声をかけ，どう援助するか」，そして最も重要なことは「そのように考え，介入するのはなぜなのか」を自問自答していただきたいのです。

　本書で取り上げた各事例はすべて架空のものです。互いに経験を説明し，評価し合い，キャリアカウンセラーの学習に役立つ視点を考慮し創作しました。そのうえで，各カウンセラーがクライエントとの対話を通して，「**自分なら，クライエントの何に注目し，多角的な視点から課題を考え，何を根拠にクライエントの状況を見立て，どのような視点に立って，介入行動を決めるか**」について，カウンセラー（筆者）の内的，外的両行動（対話の内容）を決定したカウンセラー自身の決断の背景を説明しました。

　読者の皆様には，自分の応え方が正しいかとか，対応が効果的であるか，カウンセリング的であるかなどを評価するための基準として，カウンセリングの見本と捉えないでいただきたいです。本書は，各執筆者が「**自分なら，何を重視してどう応えるか，何を目的として質問するか，その結果はどうか，問いかけるとき何に気をつけ，何に焦点をあてて言葉を選ぶか**」など，カウンセラーとしての自分の内面で起きていることと，**自分の行動の選び方を明確に記している**ことが特徴です。クライエントとカウンセラーとの対話の右側に，「カウンセラーの自問自答」という欄を設けたのは，その時のカウンセラーの内面を明らかにするためです。すなわち，この欄を見ると，担当のカウンセラーが「なぜ，次の言葉を選んだか」を理解するのに役立つと思います。

　カウンセリングは目標に向かうプロセスであり，カウンセラーとクライエントで築き上げるプロセスですから，読者の皆様にも，カウンセラーの内面の動きとクライエントの対応の相互関係に注目していただきたいと思います。その結果が「対話の流れ」，いわゆる「両者の間の関係」を構築していく過程となっていることに気づかれて，相互関係の妙に焦点をあてるように利用していただきたいです。言い換えれば，ここに掲げた事例を活用して，「自分なら何に焦点をあて，どのように話をするか，なぜそう考えたのか」を考えていただき，自分を振り返り自己と対話し，自分のアプローチを発展させる一助としていただけると幸いです。

　なお，ここで本書の限界を申し上げておきたいと思います。それは書物で「対話」の現実感を理解することの限界に共通することです。それはカウンセラーにとって非常に重要な「クライエントの非言語的な表現」の現実を読者に伝えることに限界があるということです。例えば「下を向いて，沈黙」とト書きを入れたとしても，その雰囲気は読者の想像に任されます。非言語で表現される現実はわかりません。現実のカウンセリングプロセスにおいてもクライエントの非言語的表現にどのように対応するかということに正解はないかもしれません。ただ非言語的表現を観

察できるかどうかは，カウンセラーの重要な能力の一つです。本書では，文字の限界を承知のうえで，カウンセラーの自問自答のなかで，「非言語的な表現に注意を払っている」というカウンセラーの行動を極力表現するように努めました。

読者の皆さまは，執筆者一人ひとりが依拠する理論に関心があるかもしれません。執筆者らは，「人は皆異なり，一人の例外もなく社会のなかで生きる価値がある」という人間尊重の精神の実現を重視する点では一致しています。それが故にカウンセリングは「対話」を主な手段とし，問題に遭遇することを機会に，クライエントが問題解決の力を発達させ，自律を促進し，生涯発達し続ける力と態度を伸長するのを援助することを目指す過程であるという立場に立ちます。「対話」を主な手段とすることから，相談の開始時を重視しているというアプローチでも一致しています。

本書では対話が進行するプロセスのなかで，カウンセラーが自分の行動を選択し，見立てる（仮説を立てる）プロセスも明記しています。そこにはカウンセラーの理論的背景が影響している場合があります。本書では執筆者の独自性を大切にしています。その姿勢は，クライエントの問題の見立てと対応に対する多様性として表現されると思います。共通していることは，カウンセリング心理学の立場に立つことです。言い換えれば，生涯発達の視点に立つとともに，**「個人およびその行動を理解しようとするにあたって，社会・環境との相互作用のなかに生きる存在という側面に焦点をあてて，具体的な援助の方針や方策を検討する」**ことです。このようなアプローチは，変化の激しい社会環境に注目して，昨今社会構成主義として注目されていますが，実はそれはカウンセリング心理学，キャリアカウンセリングのルーツなのです。ちなみに，カウンセリング心理学が拠って立つ社会構成主義や文脈主義については，コラムおよび「今後に向けて」で詳しく解説しています。

最後に，本書が読者の皆様のお役に立つためには，是非とも，「自分ならどう応えるか，どういう支援策を考えるか，それはどんな理由からか」など，ご自身の考えや行為を振り返る機会にしていただきたいと思います。

【注】本書の中ではキャリアカウンセラー（コンサルタント）という表現をしばしば用いている。その理由は，日本の技能資格（国家資格）で使用する「キャリアコンサルタント」の職務は，アメリカをはじめ多くの国々の専門的実践家である「キャリアカウンセラー」の職務の大半と同一であること，また，呼び名は異なっても，他の国々のキャリアカウンセラーと同じ機能を果たす人が日本にも必要であると考え，本書では，キャリアカウンセリングの実践家という意味で，「キャリアカウンセラー」を主に用いることとした。
なお，カウンセラーは，傾聴に終始し，心に寄り添い，アドバイスや情報提供はしない，という極端な誤解は60年以上前の一時期アメリカでも起きた現象である。しかし，その時代であっても，カウンセラーは，日本のキャリアコンサルタントの役割と同じく，アドバイスや情報提供，測定用具を有効に生かせることは基礎的な役割として求められていた。さらに，日本におけるキャリアコンサルタントのための学習内容の大部分はアメリカのキャリア・プラクティショナー（実践家）のための基礎を手本としていることも事実である。ちなみに他の国にもキャリアコンサルタントという准専門家のタイトルは存在するが，その主な役割はレジュメの書き方や情報や書物の探し方の指導・援助である。

事例から学ぶ：事例分析のフレームワーク

　私どもは，カウンセラーとクライエントとの間で繰り広げられるカウンセリングという場（言葉，意図と感情のやりとり）を以下のようなフレームワークで捉え，事例におけるカウンセラーの経験を「見える化」することを試みました。

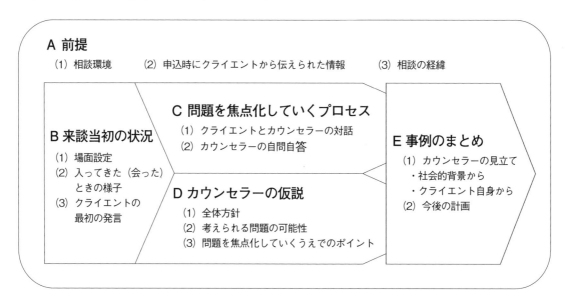

　もちろんこのフレームワークは唯一無二のものではなく，あくまでも事例を1つの共通の視界から見ていくための道具にすぎませんが，キャリアカウンセリングの実践，そこで起きていることを読み解くための道標にはなりうるはずです。
　以下，フレームワークを構成する要素別に説明していきましょう。

A　前　　提

　「前提」とは，キャリアカウンセリングの前提情報のことです。前提となる情報は，(1) 相談環境，(2) 申込時にクライエントから伝えられた情報，(3) 相談の経緯の3つから構成されます。

(1) 相談環境

　キャリアカウンセリングは1つの「場」です。ゆえに，どこでカウンセリングが行われているのか，どういうカウンセラーがカウンセリングを実施しているのかということが，大前提としてこれから始まるカウンセリングに大きな影響を及ぼすことになります。

具体的には，どのような機関のどのような部署（場所）でカウンセリングが行われているのか，そしてどういう立場・状態（カウンセラーと組織・機関との関係性）のカウンセラーがカウンセリングを実施しているのかということです。

(2) 申込時にクライエントから伝えられた情報

カウンセリングに際して，クライエントが記入した「相談票」の類がある場合は，そのクライエントが最初に記入した，プロフィールや「相談したいテーマ」という記入欄に表現された「主訴のような情報」もカウンセリングのプロセスに大きな影響を及ぼします。

「相談票」がなくとも，例えばウェブサイト上の画面や電子メールなどでカウンセリングの申込がなされる場合も同様です。クライエントから「主訴のような情報」が提供されることがあります。

カウンセラーは事前に知り得たクライエントのプロフィール，「主訴のような情報」などを一瞥してカウンセリングの場に臨むわけで，そのときにそのクライエントに対する何らかの初期仮説（といっても非常に曖昧な仮説の種みたいなものだと思いますが）を抱きつつ，クライエントを出迎えることになるからです。

(3) 相談の経緯

クライエントが相談に来る経緯もカウンセリングのプロセスに前提として影響を及ぼします。相談に来る経緯は，クライエントが来談するに至った背景，文脈とも言い換えられます。

例えば，企業の福利厚生施策のなかでのカウンセリングなのか，人材開発施策のなかで義務づけられたカウンセリングなのか，どうやってクライエントがカウンセラーの存在を知りえたのか，カウンセラーの勤務形態はどうか，どういうことが契機となってカウンセリングに至ったのか，そういったことがカウンセラーのクライエントに対する姿勢，逆にクライエントのカウンセラーに対する姿勢に大きく影響を及ぼすことになるわけです。

B　来談当初の状況

「来談当初の状況」とは，どういう場面のなかでカウンセリングが始まったのかという瞬間的な状況に関する情報のことです。来談当初の状況は，(1) 場面設定，(2) 入ってきた（会った）ときの様子，(3) クライエントの最初の発言の3つから構成されます。

カウンセリングが行われた曜日や時間帯がクライエントやカウンセラーの状況に影響を及ぼすことも十分に考えられるでしょうし，クライエントがカウンセリングの場に入ってきたときの様子（カウンセラーが知覚した情報）もカウンセラーの最初の言動に影響を及ぼすこともありうることです。さらにクライエントの最初の発言，どのような言葉で口火を切ったのかということでカウンセラーの応対も変わります。

前述のキャリアカウンセリングの前提に近い概念ではありますが，カウンセリングの場というものはライブ，つまり生きものです。その状況はカウンセリングの前提によらず，その場その場で変動していきます。

C 問題を焦点化していくプロセス

　前提と来談当初の状況に鑑みながら，カウンセラーは，クライエントにどのように向き合っていくかという全体的な行動方針を立てていき，最初の問いかけに移っていくわけです。

　カウンセリングの場において，カウンセラーは「前提」と「来談当初の状況」をふまえ，クライエントとの対話をスタートさせ，前に進めていきますが，それは何のために行っているのでしょうか。

　カウンセラーがクライエントと対話をする目的は，そのクライエントをとりまく環境やクライエントが抱える問題を明らかにしていくことです。

　そのためには，来談当初から存在した「主訴のようなもの」は，あくまでも「のようなもの」でしかないという職業的専門家としての健全なる懐疑心をもつことが重要です。そのうえで，カウンセラーはこれらの前提・背景となる情報，周辺にある情報，関連している情報，あるいはクライエントが「このことも悩んでいます」と対話のなかで追加してくる「主訴のような別情報」等々を収集・整理（関連付け，統合，切り分け，構造化といった作業）しながら，クライエントの問題に関する仮説の設定と検証（後述 D 参照のこと）を繰り返し，クライエントが自覚していないかもしれない問題にも焦点をあてていきます。

　「問題を焦点化していくプロセス」は，(1) クライエントとカウンセラーとの対話，(2) カウンセラーの自問自答の2つから構成されます。

　クライエントとカウンセラーとの間で繰り広げられる対話でやりとりされる情報は，主として両者の聴覚を使ってやりとりされる言語情報だけでなく，同じく聴覚を使って感じ取れる言葉と言葉の間，抑揚などに加え，その他の感覚と経験から導かれる直感を駆使してやりとりされる非言語的な情報[1]も含まれます。

　また，カウンセラーはクライエントとの対話の裏側で，クライエントから収集した情報を解釈しながら，それらを題材に自分自身との対話を繰り返し，カウンセラーとの対話に活かしていきます。「カウンセラーの自問自答」はまさに動いているカウンセラーの内面を表すスナップショットだということができるでしょう。

---

1) 本書の事例では，すべての非言語的な情報が記述されているわけではありません。ただし，重要な情報については可能な限り記述するように努力しています。

D　カウンセラーの仮説

　カウンセラーがクライエントとの良好な信頼関係をベースに，クライエントとの対話，自問自答を通じて，クライエントの問題を焦点化していくなかで，それと並行して時として小刻みに，そして時としてダイナミックに動いているものがあります。

　それは「カウンセラーの仮説」です。カウンセラーがクライエントの問題について，認識や理解を深めていくプロセスは，仮説の設定，検証，修正・再構築の連続的なプロセスとして表現できます。ここでいう仮説とはクライエントが抱える問題に関する仮説であり，またそれはクライエントが身を置く文脈に関する仮説でもあり，ひいては今回の相談の目標に関する仮説でもあります。

　「カウンセラーの仮説」は，(1) 全体方針，(2) 考えられる問題の可能性，(3) 問題を焦点化していくうえでのポイントの3つから構成されます。

(1) 全体方針

　このプロセスにおける最初の一歩は，カウンセリングの前提と来談当初の状況をふまえて，全体方針を立てることです。全体方針とは，複数セッションが想定される場合はそのカウンセリング全体をカバーしたカウンセラーとしての行動指針であり，また，これから始まるセッションの行動指針でもあります。そして，この行動指針を受けてセッションの開始時にどのようなことに留意しておくかということも意識しておかねばなりません。セッションによっては，前提や来談当初の状況から「初期仮説」ともいえるものがある程度，形成されている場合もありますので，それをふまえた形で留意すべきこともこの中に含まれます。

(2) 考えられる問題の可能性

　続いて，カウンセラーとクライエントとの間で対話が始まり，進んでいくと，その流れのなかで，カウンセラーはクライエントの問題とそれをとりまく文脈について，考え，理解し，何らかの決断をしたうえで，次の言動を発していくことになります。ここで重要なことは最初から決め打ちで問題を特定していくのではなく，考えられる問題の可能性を最大限に広げて，頭（意識）のなかでリストアップしておくということです。対話は，複数の可能性のある問題の仮説について，問題をとりまく文脈や相談の目標との関連のなかで，一つひとつ検証していく手段でもあるのです。

(3) 問題を焦点化していくうえでのポイント

　そして，真の問題に行き着くためにカウンセラーがどのような努力や配慮をしたのか，複数の問題の可能性のなかで（ひとまずこのセッションでは）どの問題に絞っていくかという決心をどのようにしたかを明らかにしたものが問題を焦点化していくうえでのポイントになります。

そうするなかで，今回の相談の目標が具体的になり，さらに相談が複数回にわたって継続するのであれば，中長期的な目標を仮置きしていくことになります。

【補足】良好な信頼関係の構築と維持

「問題を焦点化していくプロセス」と「カウンセラーの仮説」の2つの並行するプロセスを前に進めるための必要十分条件的な行為として「良好な信頼関係の構築と維持」を忘れてはいけません。カウンセラーは常にクライエントとの関係性の質とその変化を意識しながら，対話を進め，仮説の設定と検証を進めていく必要があります。

カウンセリングを学習する人々のなかには，「関係構築」の後に「問題の焦点化（問題の把握）」が続くという，いわゆる「継次処理」とか「連続工程（前工程と後工程）」という誤解をしている方を，時々見かけますが，「関係構築と維持」と「問題の焦点化」はむしろ「同時処理」とか「並列工程」と捉え，その時点での関係性に安心することなく継続して気を抜かないようにしておくべきです。

関係構築は両者の間でじっくりと積み重ねていく行為であるので，問題の焦点化のための情報を得るのに必要十分な信頼関係レベルに引き上げるまでには相応の時間がかかるものです。「信頼を築くは一生，壊すは一瞬」とはよくいったもので，だからこそ相談の最初が肝心なのです。「はじめに」でも述べたように，本書の事例が相談の開始時を中心に取り上げている理由はここにあります。

E 事例のまとめ

「事例のまとめ」は，本書における学習単位である各事例に関する記述のいったんの結論を意味しており，(1) カウンセラーの見立て，(2) 今後の計画の2つから構成されます。

(1) カウンセラーの見立て

本書の事例のほとんどは，カウンセリングのセッションの冒頭の一部を記述するにとどめています。その理由は「相談は最初が肝心だから」と前述しましたが，そこが学習の最も重要なポイントだからと言い換えることができます。こういった構造の関係で，カウンセリングのセッションが終了した時点での見立てを記述することが物理的に難しいので（記述したところで説明不足になってしまい，誤解を生むリスクが生じます），ここまでの見立て（事例の記述終了時点で，ひとまず焦点化された問題という仮説）を紹介しています。

カウンセラーがクライエントとの対話を通じて，クライエント自身が抱える問題，それをとりまく文脈（社会的背景）について，ある一定の仮説にいったん落ち着くことを「見立て」と言います。

「いったん」と言ったのは，さらなる対話のなかでそれが修正される可能性が大いにあるからで，固定化してしまうリスクを常にカウンセラーは意識することが重要です。

(2) 今後の計画

そのうえで，カウンセラーはこのやりとりを事例（ケース）としてまとめるという段階に至り

ます。結局,このクライエントはどのような文脈のなかでどのような問題を抱えていたか,それに対してカウンセラー自身がどのように関わってきたのか,そしてクライエントがどのような展望をもって相談の場が終了しただろうかということです。

　事例の記述が本書のように途中で終わっている場合はこの後の対話をどのように進めていくか,今回のセッションが終了し今後継続する相談であればこの後どのように進めるかということについてまとめることになります。

事例の使い方：
事例をどのように活用して学んでいくか？

　読者の皆さんがカウンセリングの実践力向上のために，本書の事例をどのように活かしていくか（学びと実践につなげていくか）は原則，自由です。

　ただし，薬に効果・効能がある一方で副作用や注意事項もあるように，この事例についても，明らかに間違った使い方をしてしまうと，カウンセリングの実践力向上はおろか，直面しているクライエントがカウンセラーである皆さんと対話をする気が失せてしまったり（こんなカウンセラーと話をしても時間の無駄だと思われることです），極端な話，クライエントの心を傷つけてしまったりというようなことにもなりかねません。これではプロフェッショナルとしては失格です。

　そこで，まず，特に初学者・初心者の方が陥りやすいいくつかの使い方を紹介した後で，望ましい使い方のご紹介もしておきたいと思います。

1. 陥りやすい使い方

①クライエントのプロフィールや相談のテーマが近いからと，ここに書かれている対話の展開を鵜呑みにして，まるでコピーをしたかのようにそのまま使う。

〈解　説〉
　事例の記述には紙幅の制限がありますし，もちろん実践においてもクライエントと彼らをとりまく状況のすべてについて，最初からカウンセラーが把握できるわけがありません（「黙って座ればピタリと当たる」みたいな展開にはなりえません）。
　また，対話のなかでも質問の切り込み方やちょっとした応対のスタンスで収集できる情報に偏りが生じる場合があります。
　クライエントは社会のなかで生きていく存在である以上，皆さんが直面するクライエントの事例が，本書で紹介した事例とたとえよく似たものであったとしても，全く異なる事例であるということを肝に銘じて，目の前にいるクライエントの役に立つということに集中しましょう。

②自分がカウンセラーならどうするかを考えてみて，たまたま当たっていたら，それ以上，何も考察せずに学習を終了してしまう。

〈解　説〉
　事例を読み込んで，自分ならどうするかということを検討することはとてもよい学習アプロー

チです。

しかし，事例検討はクイズ，ナゾナゾの類ではありません。

重要なことは，もしも当たっていたとしても，この事例のなかにいる「カウンセラーとしての自分」のどういう観点やどういうプロセスが事例の展開や解説と符合していたのかということを考えることです。その検討こそがプロフェッショナルとしての学びではないでしょうか。

事例を構成する前提，観点，仮説やプロセスが少しでも違うのであれば，各々の要素がどう変わっていき，それらがどのように影響を及ぼしていたのかを考えていくことで，学びはさらに幅広になっていくのです。

> ③自分がカウンセラーならどうするかを考えてみて，違った展開だった場合，それ以上，何も考察せずに，「そもそも事例やクライエントが特殊だ」「事例のなかでのカウンセラーの展開が上手ではない」と一刀両断して学習を終了してしまう。

〈解　説〉

②と同様です。自分ならどうするかを考えることは大事ですが，展開が違ったからといって学習を中断してはいけません。

重要なことは，何故，展開が違うのか，自分が考えた事例を構成する前提，観点，仮説やプロセスとどのような点が異なるのかを解明していくことが学びを深めていくことになるでしょう。

プロフェッショナルとは，職業人生を通して学び方を常に学び続けられる人々であり，どのような素材からでも学び方を開発し，気づきやそこから得られた学びを実践に結び付けられる能力のある人々です。事例という教材を生かすも殺すも，プロである読者の皆さんにかかっていると信じて事例と向き合ってください。私たちはそういうプロとしての姿勢，価値観を信じて教材としての事例をつくりあげています。

「……いや，自分はまだ初学者・初心者であり，プロとしての学び方を開発するなんていうレベルには全然，到達していないぞ……」というあなたへ。安心してください。次の方法を試してみてください。

2. 望ましい使い方

おそらく初学者・初心者の方々にとって，事例の学び方にもたくさんのアプローチがあると思いますが，ここは奇をてらわずにごくごく標準的な視覚・聴覚などを活用した3つのステップから構成される学び方「3段階修業メソッド」をご紹介しておきます。

> ◎第1段階：とりあえず会話のやりとりを読んでみる（「カウンセラーの自問自答」は見ない）。
> ◎第2段階：全体な行動方針を見たうえで，自分ならどうするかを考えながら会話のやりとりを読んでみる。

◎第３段階：カウンセラーの発言がどういう意図でなされているかを「カウンセラーの自問自答」を見ながら読んでみる。

　各ステップに「読んでみる」とありますが，単に眼で読むことよりもオススメは，声に出して読んでみるということです。自分の口から出た声が耳を通じて入ってくることで，それを聴いたクライエントの気持ちを疑似体験できるからです。
　いわば「一人ロールプレイ」とでも言いましょうか？
　少し説明を補足しておきますが，第１段階は，まず「大きくどのような展開の話かをつかむ」ためのステップです。相談・対話に慣れていないカウンセラー（がいたとして）はどんな展開でここまで話が進んできたかを把握できていない（いっぱいいっぱいで覚えていない，俯瞰できていない）ということも結構ありますので，この第１段階は，カウンセリングを構成する能力の基礎の基礎としても重要な訓練です。
　次に第２段階は，「初期仮説を含む全体的な方針に沿った」質問や話の展開をつかむためのステップです。カウンセリングでは，クライエントが望まない限りカウンセラーが強引にクライエントを誘導するような局面はないですが，何の意図も仮説もないまま対話が進むわけでもありません。カウンセリングがクライエント自身の，あるいはクライエントをとりまく問題の解決を，対話を通じて協働しながら解決していくプロセスだとするならば，カウンセラーは少しずつでも解決に向うための手助けを対話のなかでしていくことになります。このステップは，自分自身の意図と口をついて出てきた質問や応対の筋道が通るようになるための訓練だということです。
　最後に第３段階は，カウンセリングという対話のなかでカウンセラーが「自分自身の意図をどのようにしてつくりだしていくのか・変更していくのか」ということを体感するためのステップです。第２段階では意図とそれを反映した質問や応対について訓練するステップでしたが，ここは質問や応対のもととなる「意図」をつくっていく訓練だと言えるでしょう。また時折，事例のなかで Let's think としてあなたに自問自答を促す問いかけを用意しています。ぜひ，チャレンジしてみてください。
　カウンセリングプロセスにおけるカウンセラーの言動の流れという意味では，第３段階⇒第２段階⇒第１段階というふうに進んでいくのだと思いますが，この訓練が意図しているアプローチは，カウンセラーがやっていることを動画で言うと「逆回転・コマ送り」のようなイメージで捉えることができるでしょう。また，６つの事例（03, 07, 09, 15, 22, 24）については，最後に「F 本事例の全体像」を掲載しており，こちらで視覚から全体の流れをつかむ訓練も可能です。
　他にも，例えば，多様な視点を得るということを意図して上記の３段階の作業をグループという形態で行うということもあるでしょうし，たくさんの学び方・アプローチがあると思いますが，学び方を開発するのもプロフェッショナルとしての能力開発になりますので，是非，いろいろな可能性を試していってください。

事例 01 先生に言われてきました
高校生の就職

A　前　提

相談環境
A高校の進路指導室の面談スペース。

申込時にクライエントから伝えられた情報
佐藤さん，18歳，女性，県立A高校3年生。相談したいこと：特になし。

相談の経緯
関東B県の高校生就職支援事業の一環で県内各地の高校を巡回しているカウンセラーが，11月にA高校進路指導室の教員からの依頼により面談に訪れた（おおむね月1回の頻度で訪れている）。ちなみに，A高校の所在地域は第一次産業が中心の産業構造で，近年，ベッドタウン化が進んではいるが，地場産業（法人）がほとんどなく，就職するためには少し離れた拠点都市まで通勤するか，首都圏に転居する必要がある。

B　来談当初の状況

場面設定
放課後の高校での進路指導室で，進路指導主事の教員から面談に行くように言われて来談。

入ってきた（会った）ときの様子
このまま下校するような雰囲気の格好で，先生に言われてきましたと言わんばかりの表情。就職活動中のようには見えない様子。

クライエントの最初の発言
（あまり話したくないような雰囲気で）就職のことで，話をするように言われてきたんですけど，何かあるんですか？

Let's think
AとBの情報から，あなたはカウンセラーとして
□どのように話しかけますか？　　　　□それはなぜですか？

C 問題を焦点化していくプロセス

	クライエント(CL)とカウンセラー(CO)との対話	カウンセラーの自問自答
CO 1	こんにちは。就職の相談で県内を回っている久保田といいます。今日は来てくれてありがとうございます。先生から佐藤さんの就職活動の相談に乗ってほしいという依頼があったので来たのですが、就職活動はこれまでどういう感じでしたか?	最初の発言と雰囲気からここに「来させられた感」満載なので、歓迎の意思を示して、面談の場を整えながら、「就職」という言葉に対する認識・感じ方を確認することから始めてみる。
CL 1	[「こいつ、誰?」と言わんばかりの怪訝な表情で] どういう感じって言われても、これまで特に何もしてないです。	何もしていないことを問い詰められそうだと感じると、さらに話をしたくなくなるであろうから、できるだけ「なぜ?」は使わずに、行事への参加など、事実の確認から少しずつ温めていこう。
CO 2	夏に職場見学とかやっていませんか?	
CL 2	先生の指示で行ったけど、行っただけ。	先生の指示で行ったということは最初から就職活動を完全拒否していたということではないようだ。でも、今はここを掘り下げるのは後に回して(就職の意思がもう少し明確になるまで)、その後の過ごし方を確認する。
CO 3	その後は、応募とか面接とかは?	
CL 3	いやぁ、何もやっていないです。	本人は何もやっていないという認識でも、周囲の関係者から何か支援があったのかどうかを確認する。まずは学校から。
CO 4	学校からの求人情報とかはなかったですか?	
CL 4	たぶんあったと思うんですけど……。全然、興味もなかったし、ウチらが就職できそうなところでもなかったし……。	学校も生徒も双方の関わり合いがごく表面的なままであることが気になる。「ウチら」ということは同じように活動が進んでいない同級生がいるのかもしれないが、今は深掘りしないでおく。高校生の就職は学校からの支援が重要であるので、どのくらいの関係性なのかを確認する。
CO 5	で、それっきり?	
CL 5	そう、それっきり。そのまま。	学校も生徒もお互いを随分放置していた模様である。徐々に話ができるようになってきたので、少しだけCL本人の意思に焦点を移して、就職の意思(卒業後の展望)の有無を確認する。
CO 6	このまま卒業しちゃってもいいの?	

事例01 先生に言われてきました

	クライエント（CL）とカウンセラー（CO）との対話	カウンセラーの自問自答
CL 6	まずいかもしれないけど，とりあえず自宅だし［うつむき出す］。	自宅には，いられる（経済的な切迫感が強くない）という状況が行動を鈍らせているのだろうか。「支援者としての家族」とCLとの関係を探ってみる。
CO 7	親御さんからは何か言われてますか？	
CL 7	夏頃までは，就職しろって，時々，言われていたけど，もうあきらめているような気もします。ウチらができそうな正社員の仕事もないし……。	最近は，親とも突っ込んだ話はしていないようだ。親とも学校とも関係性が表面的なのが気になる。「ウチらができそうな」のような発言がまた出てきたし，「正社員」という言葉への距離が感じとられるので，何らかのあきらめ感があるのかもしれない。正社員ではなく，そもそも「働く」意思があるのかを確認してみる。
CO 8	仕事として，アルバイトでもいいので，何かやりたいことはあったりしますか？	
CL 8	［やや表情が和らいで］○○駅（最寄の拠点都市）の駅ビルとかにあるアクセサリーショップとか，古着ショップの仕事ですかねぇ。	最初はあまり関わりたくない外部者として扱われていたが，ここで関係性に変化が見られた。周囲が暗黙の前提として期待している「正社員への就職」ということへのプレッシャーが活動を前に進ませない要因になっていたようだ。このことは，これまで誰にも言えなかったのかもしれない。CL自身の意思を関係者に示したかを確認してみる。
CO 9	そのことを先生とか親に言ったことは？	
CL 9	［明らかにくやしそうな表情で］言ってもムダ。皆，正社員の話しかしない。	暗黙の前提だと思っていたが，周囲の大人は「正社員」という前提を表に出しているようだ。これではなかなか言い出しづらいはず。どのくらいチャレンジしたのか気持ちの強さもあわせて確認する。
CO 10	佐藤さんは，これまで何度かやってみたい仕事の話は先生とか親御さんにはしてきたのですね。	

	クライエント（CL）とカウンセラー（CO）との対話	カウンセラーの自問自答
CL 10	そう，何度話しても，話が噛み合わないんです。皆，正社員になるのが当然みたいな話しかしなくて……。でも，自分がやりたい仕事は，職場見学に行ったところとは違って，もともと正社員の人はほとんどいないと思うんです。	一般論として，確かに正社員としての採用は少ない職種であるとは思うが，地域の事情やショップの事情もそれぞれのはずなので，今でも実際に足を運んでいるのであれば，情報収集を進めることを提案することで活路が見出せるかもしれないので，継続的に支援する方向で，宿題を提案してみる。
CO 11	今でも時々，そういうショップには通っていますか？［CL：激しく頷く］であれば，もう少し行動範囲を広げてみて，興味のある仕事がどういう内容なのかとか，どういう募集のされ方をしているのかとか調べてみませんか？ 今後もだいたい月1回はこちらの学校に来ることになっていますが，予定を入れれば2週間後くらいにはまた来れそうなので，そのときに調べたことを教えてもらえますか？ それを材料に作戦会議をしましょう。	
CL 11	［すっかり明るい表情になり］ちょっとやってみます。今日，早速，帰りに行ってみます！	今後は，関係者をどう巻き込むかを一緒に考えていく必要がある。まずはこの面談のあと，高校の先生にもこの地域の求人状況を確認してみよう。

Let's think

上記のプロセスを読んで，考えてみましょう。

□まず対話のみを読んで，あなただったらどのようなクライエント像を描きますか？
□カウンセラーの自問自答を読んで，カウンセラーの発言の意図を確認してみましょう。
□あなただったら，何に焦点をあてて，どのように見立てますか？

D カウンセラーの仮説

(1) 全体方針（カウンセラーとしての行動方針，留意事項含）

　就職支援というテーマで面談を行うが，この時期までに決まっていないとなると，いろいろな事情があるのかもしれないので，まずはどういう状況にクライエントが身を置いているかを確認することから始めよう。そのためには，クライエントが話しやすい環境をつくることが大事。カウンセラー自身は誰かに言われて来校した，クライエントにとっては，怪しいことこの上ない対象であることが多い。そのため，背景やこれまでの経緯で何か事情はあるとは思うが，クライエントと学校との関係はとても希薄な印象。教員との関係も非常に表面的なのではないだろうか。

(2) 考えられる問題の可能性（相談冒頭から焦点化のプロセスを経て出た仮説）

① 就職すること，働くことへの意識がまだ発展途上ではないか？
② 学校からの支援が不十分ではないか？
③ 就職することについての親との会話が不十分で，十分な支援が得られていないのではないか？

(3) 問題を焦点化していくうえでのポイント

①就職に対する考え方，就職活動の状況についての状況確認をすることで面談の場を整える（CO1-3, 6）。
②関係者との関係を探ることで，本人の問題だけに焦点をあてすぎないようにする（CO4, 5, 7, 9, 10）。
③「働くこと」への認識を確認することで，抑えていた意思や一度はあきらめかけていた希望を顕在化させる（CO8）。

E　事例のまとめ

(1) カウンセラーの見立て

◆社会的背景から

　大学全入時代と言われる昨今では，高校生の就職は景気の状況（現業での人手不足の状況）に大きく左右される。また，高校が置かれた地理的状況，周辺の産業構造，通っている生徒の背景によって，進路指導室の教員の役割は，就職支援ではなく進学支援に重点的に割かれてしまっていることもあるので，保護者も含めた大人の支援者との関係性改善の支援も想定しながら，クライエントの行動促進を阻むものが何かを掘り下げていく必要があると見立てた。

◆クライエント自身から

　「働くこと」への興味が少しは見られるが，これまでに教員や親といった関係者との間で繰り広げられてきたやりとりの積み重ねにより（現時点では詳細未確認），双方の関係構築，関係者からの支援が十分ではないので（むしろクライエント本人の行動を見えない糸で阻害しているかもしれない），行動そのものが先に進んでいないと見立てた。

(2) 今後の計画

　卒業の時期も迫っており，高校からの要請と就職支援の時間的な制約もあるので，可能な限り，クライエントとの関わりを通じて，就職に向けた行動の開始と教員とのよい関係づくりを目指して2回目以降の面談を計画する。まず，今回の初回面談の終わりに，クライエントが自分の口から「カウンセラーと会ったこと」を進路指導主事の教員に報告することを提案し，その話し方を練習する。そうすることで，初回面談の成果の確認，カウンセラーとの関係の発展，さらに生徒と進路指導主事との関係づくりの準備となると考えられる。今後の計画として具体的には，次の2点を中心に計画したい。

　1点目は，クライエントが調べてきたこと，初回面談以後考えたことを中心に，クライエントが何を語るかに気をつけながらクライエントの非言語的な表現に注目することを忘れないことが大切である。クライエントが気づきはじめたこと，真に役立つと思われる話題に焦点をあてることで話し合いの促進を図る。その際，学校や教員に対する不満には最小限の反応を示すにとどめる。

　2点目は，生徒が進路指導主事の教員や親と話せるようになる支援をしていくことである。生徒の前向きな状態を観察したうえで，自分で教員や親と話すことの大切さを話し，そのために話し方の練習をすることを提案し，難易度の低いことから実行していきたい。このような練習から，クライエントが自信をもてるようになると同時に，クライエントの抱える課題や心配事がさらに明らかになる可能性もある。

事例 02 たらい回しにされた学生

A　前提

相談環境
A短期大学のキャリアセンター。

申込時にクライエントから伝えられた情報
鈴木さん，19歳，女性，A短期大学保育科1年生。相談したいこと：進路。

相談の経緯
保育科の教員に示唆されて，学生相談室に相談に行った。1回目の相談（1年次の11月）の後，学生相談室の相談員（臨床心理士）より，「進路のことなら，キャリアセンターのほうが役にたつ」と言われ，キャリアセンターに来所。学生相談室からもリファーの連絡が入る。

B　来談当初の状況

場面設定
学生相談室の先生から「進路のことで考えたいのなら，キャリアセンターの方がよい，連絡を取ってあげる」と言われた。先生はその場でキャリアセンターに電話をして，予約を取ってくれた。

入ってきた（会った）ときの様子
一見疲れているようでもあり，少々反抗的な態度のようでもあり，仕方なく来所した様子が伺えた。

クライエントの最初の発言
学生相談室の先生が「あなたは進路のことで相談したいということなので，それならキャリアセンターの方が助けになると思う」と言って，電話をしてくれた。だから来ました。

Let's think

AとBの情報から，あなたはカウンセラーとして
☐どのように話しかけますか？　　　☐それはなぜですか？

C 問題を焦点化していくプロセス

	クライエント（CL）とカウンセラー（CO）との対話	カウンセラーの自問自答
CO 1	確かに，学生相談室の先生から，「あなたが進路のことで相談したいということなので，相談にのってあげてくださいますか」と電話で連絡がありましたよ。進路のことであなたが話したいと言っているということでしたけれど，進路といってもいろいろありますから，直接お会いしたほうがよいと考えたのです。待っていましたよ。	学生相談の相談員のリファーの様子から，このCLはキャリアセンターの担当する学生であると見立てた様子が伺えた。しかし最初から進路の話に焦点をあてない方がよいと考えた。
CL 1	進路といえば，そうですが。私が保育科の学生だということを知っているでしょう？	少々攻撃的な話し方から，たらい回しされてきたこと，前の相談などに不満があるらしいと想像し，相談票を見せながら話した方がよいと考える。
CO 2	はい，さっき記入してもらった「相談票」がここにあるので［見せながら］，保育科の1年生ということはわかっていますよ。そこには，相談したいこととして，進路のこと，と書いてあるので，そう思ったのです。それで何か気にかかりますか？	
CL 2	あ。そうですか。いいえ特に。保育科の授業が全く面白くないんです。だから授業中寝たふりをしたり我慢できなくて，授業の途中で教室を出たりしたので担任から注意されました。そのあとも同じことをしたとき，担任から「何か心配事でもあるようだから，学生相談室に行って相談した方がいい」と言われ……。そこに行くと今度は，キャリアセンターに行けです。	次々たらい回しされるだけで，話を聞いてもらえていない状況から，反抗的になっても仕方がないと考える。そこで，まず進路の話に入るまえに学校生活を話しやすいところから話せるようにする。
CO 3	面白い授業は1つもないの？ それとも面白くないと思うと，我慢できなくなって教室から出てしまうの？	
CL 3	全部ではないけれど，保育科の授業は面白くないです。特に先生は教科書に書いてあることを読むだけだったり，大切というところに線を引かせたり……。そんなの自分でできる。初めは授業も面白かったけれど……。	授業中黙って教室を出ることなどから発達障害を疑われ，担当教員が学生相談室を紹介した可能性がある。しかし，その可能性よりも，今回も来所している事実を重視し，話を続けられるようにすることに努力する。
CO 4	授業中黙って抜け出したりしたのを見て，気分が悪いのか，心配事があるのではないかと，先生は思ったのかしら？	
CL 4	そうでしょうね……。もちろん面白い授業のときは別ですよ。だけど，担任の授業はほんとにつまらない。それが先生の気に食わなかったのかなあ……。わからないけど……。	CLが自分の学校生活を徐々に思い出し，独り言のように話し出したことを重視する。不満な点は取り上げないように気をつける。話のなかで担任が学生相談を勧めた理由を推察したい。積極的な面に焦点をあててみることで，CLがとらわれていることとは違った面から話すことでCLの課題を評価したいと考えた。
CO 5	そうね，そのことは私にもわからないけど。あなたが面白いと思えた授業とか，本当に学びたいことって，どんな授業なのかしら。	

	クライエント（CL）とカウンセラー（CO）との対話	カウンセラーの自問自答
CL 5	実習は楽しい。それから子どもの心理とか、遊び方とか、子どもとの接し方に関する具体的な内容を教えてくれる授業はもっと聞きたかった。その授業では途中で教室を出るようなことも眠ることもなかったけど。	発達障害と思われるような行動は、授業への関心と関係するようであり、発達障害と直ちに判断するのは誤りではないかと判断。保育科を選んだ理由に焦点化していこうと考える。
CO 6	Bさんは子どもが好きなのね。子どもと一緒にいたり、遊んだり、世話をしたりすることには興味があるのでしょうね。【CL：はい】実際に子どもの世話をした経験があるの？	
CL 6	うん。お姉さんが仕事に出かけている間、赤ちゃんの世話をしたことがあるんだけと、かわいかった。だから、高校の進路相談の時に、将来の希望とか何に興味があるかを聞かれたとき、何となく、保育士と言ったら、この学校に進学したらいいと言われたんです。	高校での進路決定の仕方に課題があったと考えられるが、過去のことに深入りしないでおいた方がよいと判断。
CO 7	入学してみてどうでした？ 90分の授業もあったりして、おどろいた？	
CL 7	そうですねえ……。初めはそんなにつまらなくなかった。初めて習うことが多かったから。でも教科書を読むみたいな授業が続いて、我慢できなくなった。担任には言わないでくださいね。	学校生活の実態が具体的になってきた。
CO 8	もちろん、ここで話したことは、あなたの許可なしには誰にも話しませんから安心してください。いいですか。	
CL 8	この頃、本当に保育士になりたいかどうかわからなくなったんです。クラスの人は大体みんな、卒業したら保育士になって保育所で働きたいと言っていますが、夏休みの頃から私は迷いだしました。	このあたりから敬語を使いだし、ゆっくりと考えながら話す様子に変わってきたことに気づく。そこで、将来の進路選択に焦点化していくこととする。
CO 9	そうだったのですか。授業がつまらないこともあるけれど、それだけではなく、卒業後保育士になって働きたいのかどうかを迷いだしたということだったんですね。	
CL 9	今から進路を変えるのは難しいと思うと不安だけど……。子どものことは好きだけど、今は、みんなのように保育士を目指すことができない……。[考え込む]	現状の自分と対峙し始めたので、沈黙を大事にしようと思う。そのうえで、過去に進路を選んだ時のことを振り返って、保育士への迷いに内容を具体化する必要があると仮説する。
CO 10	ちょっと聞いていいかしら？【CL：はい [顔を上げる]】高校3年の時に保育士になりたいと思ったときと、勉強しだした今とでは、保育士のイメージが違ったということかしら？	
CL 10	高3の時は子どもが好きなことと関係する職業というと保育士しか浮かばなくて、先生に保育士になりたいと言うと、この短大の受験を教えてくれた。	高校の進路指導の課題が原因の一つらしいこと、自分と対峙し始めたので、迷いの内容を深めることができると仮説を立てる。

	クライエント（CL）とカウンセラー（CO）との対話	カウンセラーの自問自答
CO 11	そうなの！ さっき，大学の勉強の中には面白いものもあるとおっしゃっていたと思うけど。勉強しだすと，保育士は子どもと遊ぶだけではないらしいことが気になりだしたのではないかしら？	勇気を出して，仮説を提示してみる。
CL 11	そういう迷いが何となく頭に浮かぶことが多くて。先生が皆保育士になると思っていることに，何となく反抗したくなるようで……。私は，その辺がはっきりしなくなってきたんです。	大学の学習についての情報提供が必要だと考える。
CO 12	保育科に入ったことを後悔しだしたということかしら？【CL：うーん［はっきりしない様子］】私は，授業や実習は保育士になるためだけでなく，子どものことについての知識が増え，将来いろいろな仕事に役立てられると思うんですよ。例えば，この頃お姉さんの赤ちゃんを見て，前とは違ったことに気づいたり，接し方ができるとか。	
CL 12	そんな風に考えたことなかったからわからないけど。でも，今，保育士になると決めなくても，いいんですね。勉強は役に立つから……。	

Let's think

上記のプロセスを読んで，考えてみましょう。

☐ まず対話のみを読んで，あなただったらどのようなクライエント像を描きますか？

☐ カウンセラーの自問自答を読んで，カウンセラーの発言の意図を確認してみましょう。

☐ あなただったら，何に焦点をあてて，どのように見立てますか？

D カウンセラーの仮説

(1) 全体方針（カウンセラーとしての行動方針，留意事項含）

　教員から学生相談室の相談員を経てキャリアセンターに来所したので，これ以上たらい回しのようなことはしない，という方針を立てた。たらい回しされた背景には，それぞれが発達障害という疑い，就職問題という思い込みが原因としてあるようであるが，話す意欲がもてないのは当たり前であろうと考えた。さらに，いやいやではあっても来所したというクライエントの行動に焦点をあて，たらい回しにされたクライエントが話す意欲をもてないのは当然であると考え，具体的に話せるようになることに留意した。

　他方で，教員から学生相談室に紹介されたという背景に留意し，孤立気味，勝手な行動，教師の指示が通じない様子ということから，発達障害の疑いも否定できないことに留意し，対話を通して，カウンセラーは対話中に，教員の観察を確認することにも留意した。

(2) 考えられる問題の可能性（相談冒頭から焦点化のプロセスを経て出た仮説）

①発達障害的な傾向がみられるかどうか。
②進路の相談とは何を意味するのか。発達障害と疑われた行動と進路についての相談を望むこととの間に何らかの関係がある可能性がある。可能性としては，高校卒業時の進路選択，特に望まない進路選択をしたことに起因する可能性。

(3) 問題を焦点化していくうえでのポイント

　たらい回しをされてきたことに注目し，以下の過程を取った。

①クライエントが話し出すのを待たないで，クライエントが安心できるように，カウンセラーのほうから話しかけ，キャリアセンターとして，焦点化する課題をカウンセラーの方から，クライエントが進路について相談したいということを学生相談室から聞いた事実を話す（CO1）。
②カウンセラーの方からは，たらい回しや授業に対する不満感情には触れず，クライエントの大学での経験を語れるようにすることで（CO2-10），進路に関連する話に焦点化する（CO9, 10）。
③大学の学びの活かし方と進路先との関係について考えを広げられることに焦点化する（CO12）。

E 事例のまとめ

(1) カウンセラーの見立て

◆社会的背景から

社会的に「発達障害」という言葉が広まり，集団の他のメンバーと異なったり，集団になじめない行動を示す人に対して発達障害ではないかという観点から捉える風潮が広がっている。本事例の場合も教員はその可能性を考えて学生相談室を紹介したと考えられる。他方，学生相談室は進路のことと聞いて，直ちにキャリアセンターにリファーした。ここに昨今の，大学内の学生支援機関の多様化とそれぞれの支援機関の連携の在り方が示唆される。学生は，訳がわからず「たらい回しにされた」という思いから支援に対して不信感を募らせながらも何らかの援助を求めていることは確かである。

キャリアセンターではたらい回しにされて，大学に一層の不信感を募らせている学生であり，自主的に相談に来たわけではないが，教員や相談員に言われたとおり，相談を申し込んで来所したという学生の行動自体を重視し，何か相談したいことがあるのではないかと見立てる。

相談のプロセスでのクライエントの言葉と態度から，大学生活への適応に関して困っていること，卒業後の進路を心配していることは明らかである。特に，保育士を選択した過程を振り返って語ってくれたことから，高校における進路指導，進路相談の在り方，高校から大学への移行期間における援助の在り方に問題の原因があると見立てる。

◆クライエント自身から

保育士としての進路決定に迷っている。他方で子どもと接することには強い関心があることを確認した。大学生活，主に授業に適応できないことと，保育士という将来の進路への不安，疑問を区別できず，大学生活自体に適応しにくくなっている。

(2) 今後の計画

最初は，保育士になるかどうかは今決めないでよいことを話す。その代わりに，残りの大学生活を有意義に過ごすことを優先し，新たに関心をもったことなどを探させ，2年次の就職先決定時までの計画を話し合うことを目標とした相談の継続が必要と判断する。

社会性の発達を促す必要性があると見立てるので，本人が気になっている保育士になるかどうかを中心としながら，大学での学びの意味と過ごし方，授業の受け方や教師との関係のつくり方などの行動を取り上げる。進路として保育士を目指す可能性があるとも考えられるので，進路決定を焦らないように留意する。

学生相談室に初回の相談の大要を伝え，キャリアセンターで相談を継続する旨を伝える。

コラム① なぜ質問することを難しく感じるのか：実体験をもとに

——本書執筆者のキャリアカウンセラーとしての学びのプロセスについて，実際の経験をもとにご紹介します。

キャリアカウンセラー資格を取ったばかりの頃，私は面談でクライエントへの質問がすぐに出てこないため，とても悩んだ時期があります。クライエントの話をよく聴き，そのとおりに要約するところまではたどり着けても，繰り返しているだけで，表面的な応答になっているように思えていました。カウンセリングの訓練において「すぐに質問してはいけない」と厳しく指導されてきた経験が影響しているかもしれませんが，それだけではないような気がしていました。

何かヒントを得ようと様々な文献を読みあさり，行きついたのは，「問うべき正しいことがある」という先入観にとらわれていたという気づきでした。「支援の専門家であるからには，問題を抱えたクライエントを適切な解決へと導くことが求められる。そのためには，最適な質問をしなければならない」という思い込みです。

後から振り返ってわかったことですが，この思い込みがあることによって，私の場合は質問が飛躍したものになりがちでした。具体的には，クライエントの語った「言葉」（例えば「自分が何をしたいかわからない」「転職を考えている」など）から，必死に望ましい投げかけを考えようとします。その結果，「何をしたいかわからない時には，一般的には○⇒○⇒○といったプロセスで考えることが知られているから，この人は今どの段階にいるだろうか」といったことを考え，「これまでどのような情報収集をしてきたのか」「どういった相談をどこでしてきたのか」といった尋問調の質問が繰り出されることになるのです。

しかし，以上のように投げかけられる質問は，かえってクライエントを混乱させてしまうこともありました。まさに，「クライエントその人」から離れてしまって，「問題，事柄」を見ているということだとは，頭ではわかっていました。しかし，「自分の面談が役に立たなかった，どうしよう」と不安になるため，自分が安心したくて一般的な知識に頼っていたのです。

この悪循環から抜け出すきっかけの一つは，ハーレーン・アンダーソン（1997／邦訳，2001）にある以下の文章を読んだ時です。

> 注意してクライエントの話に耳を傾けると，言われていることに自然と興味が湧いてくる。気がつくと，そのユニークなストーリーに引き込まれて，その人の人生や悩みについて本当に知りたくなっている。私たちは，クライエントの経験する世界に身を置いて理解し，彼らのストーリーから学ぶことに努めた。(p.59)

「何をしたいかわからない」という言葉でクライエントが言いたいことは何なのか，これまで数十年の人生を重ねてきたクライエントが，今，このタイミングで相談に来た，ということの意味をもっと丁寧に聞こう，と思えました。そうしなければ，直接会って，相手の話を聞いている意味がありません。一般的な解決策なら，ノウハウ本を読めばいいではないか，と気づけたのです。

そして，「ストーリーを聴く」ことの意味をより詳しく説明した文章を，同じ本の中に見つけることができました。

> ポストモダンの言語は実証主義と異なり，問題を，診断に使う用語や分類も含め，誰かあるいは何かが原因で引き起こされる客観的事実として捉えることをしない。そこではまた問題は，個人，家族，職場，コミュニティといったような空間的もしくは社会的な構成単位の内に存在しているとも考えない。これが問題だ，と証明できそうな客観的事実も，それはひとえに記述の産物，つまり社会的な構成物にすぎないと言える。問題と観察者は一体なのだ。(p.78)

表現されたものは，すべて社会的に構成されたものであり，絶対的に変えられない事実として存在しているわけではない，という社会構成主義の考え方を知ったことによって，クライエントとの関わり方が変わりました。

　実際の面談では，ただひたすら純粋な好奇心をもって，クライエントと向き合ってみることにしました。すると，相手の使う言葉一つひとつが興味深く感じられました。例えば，「この仕事をやっていけるか，不安を感じています」という発言から，この方の言う「やっていける」とはどういう意味だろう，「不安」とはどんな感じだろう，今こう思うということは以前は違ったのかな，などいろいろと気になることが出てくるのです。問題について最も詳しいのは，クライエント本人ですが，あくまでもクライエントの見方の範囲です。自分にとって当たり前のことは語れないことも多いものです。そこに，カウンセラーが関わることによって，クライエントのものの見方や行動パターンとは異なるバリエーションを提案することができるかもしれない，と思えました。あたかも外国語を学ぶように，クライエントの語る言葉の意味を読み解きながら，カウンセラーの視点からの意味をつけくわえたり，比較したりするように丁寧に話を聴く態度が身につくと，質問に困ることはなくなっていきました。

　もちろん，実際の支援においては質問ができるだけでは不十分です。相手を理解したうえで，より適した解決策は何か，どのような資源を利用できるか，など様々な方策のなかで提案することもカウンセラーの役割です。つまり，クライエントの問題の可能性を多面的に捉える力をもつことが，面談のプロセスを方向づけるためには必要不可欠です。そのためには，カウンセラー自らのものの見方や考え方に，自身の経験や状況がどのように影響しているのか，まさにどのように構成されてきたのか，ということに敏感である必要があると思います。

【引用・参考文献】

アンダーソン, H. ／野村直樹・吉川　悟・青木義子（訳）2001　会話・言語・そして可能性―コラボレイティヴとは？ セラピーとは？ 金剛出版（Anderson, H. 1997 *Conversation, language, and possibilities: A Postmodern approach to therapy.* New York: Basic Books.）

事例 03 今から教師になれますか

A 前提

相談環境
大学内のキャリアセンター。キャリアコンサルタントが非常勤勤務（週3日）。

申込時にクライエントから伝えられた情報
高橋さん，20歳，女性，Y大学外国語学部国際協力ゼミナール2年生。相談したいこと：教師になりたいが，まだ間に合うか。

相談の経緯
2年生の1月にインターンシップ情報の収集をするためにキャリアセンターを訪れた後，自分から相談を申し込んだ。予約がいっぱいだったため，1週間後の予約となった。

B 来談当初の状況

場面設定
キャリアセンターは就職活動を始めた3年生で混雑していた。本人は時間どおりに来室し，左右に仕切りのあるカウンターごしに面談が行われた。

入ってきた（会った）ときの様子
キャリアセンターにスーツ姿の上級生が多くいたためか，やや緊張した表情で面談ブースに着席した。

クライエントの最初の発言
先週，キャリアセンターで紹介している企業のインターンシップ先を見に来たのですが，あまり参加したいと思えるものがなくて，どうしようかと思っているんです。それで，改めて自分が何をしたいのかを考えてみたら，教師に興味をもっていたことを思い出しました。でも，今から間に合うでしょうか。企業に就職したほうがいいのかな，とも思うんですが，自分でもよくわからなくなってしまって相談に来ました。

Let's think
AとBの情報から，あなたはカウンセラーとして
□ どのように話しかけますか？　　　□ それはなぜですか？

C　問題を焦点化していくプロセス

	クライエント（CL）とカウンセラー（CO）との対話	カウンセラーの自問自答
CO 1	2年生のうちからキャリアセンターに来てくださって，ありがとうございます。見てのとおり，3年生がいっぱいですけど，2年生も大歓迎です。先週も企業のインターンシップ情報を見に来てくれたんですね。どういうきっかけでキャリアセンターへ来ようと思われたのか，教えていただけますか。	わざわざキャリアセンターまで足を運ぶほど，進路について真剣に考えている学生。3年生ばかりの中へ来室し，まだ緊張しているようなので，先週キャリアセンターへ来たきっかけから尋ねてみる。
CL 1	ゼミの先生からこの春休みに必ずインターンシップへ参加するように，と言われたんです。それで，まだ決まっていない人は，先輩が行った会社の情報を見るようにといくつか紹介されたので，その情報を調べにキャリアセンターへ来ました。	ゼミ教員への信頼は厚そうだが，最初の発言にあった，先生に紹介された会社に参加したいと思えない，というところに焦点をあてる。しかし，言いづらいこともあるかもしれないので，情報の取り扱いについても説明しておく。
CO 2	そうでしたか。それで，インターンシップ情報を見たのだけれど，参加したい企業がなかった，ということでしたね。ここで話したことは，高橋さんの許可なく，ゼミの先生にそのまま報告することはありませんから安心してください。例えばどんな会社の情報を見てそう思ったのか教えてもらえますか。	
CL 2	はい，外資系の金融機関やメーカーを見ました。でも，なんかピンとこないというか，イメージがつかめなくて。企業に興味がないのかなって，思ったんです。	「企業」を一くくりに捉えてしまっているところが気になる。インターンシップに参加することでイメージがつくこともあるという考えが頭をよぎるが，企業就職は3年になってから検討してもまだ間に合う。まずは教師についての本人の考えに焦点をあてよう。
CO 3	そもそも企業で働くことがイメージできなくて，自分が何をしたいのかを振り返ってみたら，教師に興味をもっていたことを思い出した，ということなんですね。	
CL 3	そうです。私の身内は公務員とか，教師が多くて，企業でバリバリ働いている人がほとんどいないし，私にできるとも思えなくって，イメージがつかないような気もします。でも，今から教職課程を受けるとなると，卒業が遅れてしまうし，そこまでして教師なのかな，ということもよくわからないんです。	家族の影響が大きいことが伺える。「企業＝バリバリ働く」という先入観も気になる。そこから消去法で選択した可能性もある。周りの影響があるとしても，本人自身の，進路に影響を与えた経験がわからないので聞くことにする。
CO 4	教師をなさっている家族，親戚がいらっしゃるんですね。よろしければ，高橋さんご自身が教師に興味をもつようになったきっかけがあれば，教えてもらえますか。	

事例03 今から教師になれますか

	クライエント（CL）とカウンセラー（CO）との対話	カウンセラーの自問自答
CL 4	実は［少し話しにくそうにしながら］，高校生の時，保健室の先生に興味をもっていました。それで，養護教諭の免許を取得できる学部への進学を考えていました。でも調べてみたら，とっても大変な仕事だということがわかって，「自分には無理」と思って，英語はできるほうだったから外国語学部への進学を決めたんです。大学に入ったときは，教師のことはあきらめて，もっといろんな仕事を知って，就職を決めようと思っていました。でも，先ほど言ったように，やっぱり企業で働くイメージがわかなくって……。それで，今いるのは外国語学部だから，英語の教師だったらなれるかも，と思ったんです。	あまり触れたくないかもしれない過去の経験について語ってくれた。進路決定において，「自分にできるかどうか」に重きを置いた選択をしてきたようだ。また同じパターンにはまっているように思えたが，その点を取り扱うよりは，「今」教師の仕事に魅力を感じる理由に焦点をあてる。
CO 5	過去のことを思い切ってお話してくださって，ありがとう。教師への興味は，高校時代の経験がきっかけなんですね。よかったらもう少し具体的に聞きたいのですが，今は教師の仕事のどんなところに魅力を感じているのですか。	
CL 5	困っている生徒たちの悩みを聞いてあげたり，助けたり，というところかな。［笑顔で］先生にいろいろ相談できると，絶対生徒はすごく変わると思うんです。可能性を引き出してくれる人と出会えるかどうかが大事だ，と思って。	とても嬉しそうな表情が印象深い。口調も心なしか砕けてきた。過去によい教師との出会いがあって，本人自身が助けられた経験があるのだろう。しかし，今はその内容に踏み込むことはせず，仕事と関連した方向で進める。
CO 6	ということは，教師として，生徒の可能性を引き出してあげたいってことかしら。	
CL 6	え，あの，そこのところが，ちょっと。ほんとに自分にできるかどうかは，自信がないんですけど，できるならそういうことをしたいです。勉強をして，免許をとればきちんと生徒に教えられるんじゃないかと思って，教職課程センターにも相談に行ったんです。	少し戸惑いながらも，今の自分に立ち返って答えている。教師の希望は憧れからか。それと同時に免許があるという点から魅力を感じている可能性が高い。
CO 7	今は自信がないけど，免許をとることで自信になるかもとお考えになったんですね。でも，教職課程を受けるかどうか，今は迷っているというお話でしたね。	なり方がわかっても，まだ決められないとすると，教師の仕事のイメージがつかない，つまり，企業に興味がもてない理由と同じなのではないか。
CL 7	はい，これから教職課程を受けるために1年卒業を延期してまで，教師という仕事をやりたいのか，確信がもてなくて……。社会人になってからでも教職をとれる，という話をきいたので，職業経験を積むことの方が大切かな，とも思います。なので，今とるべきか迷っているんです。	やりたいという理由が，不明確に思えた。やはり，やりたいかどうかに確信がもてないのは，積極的に選択する理由が不明確であるせいかもしれない。これまでの話を要約して，情報収集の偏りを指摘してみよう。

33

	クライエント（CL）とカウンセラー（CO）との対話	カウンセラーの自問自答
CO 8	お話を伺っていると，企業よりは教師に興味があって，免許をとれば自分にでもできそうな気はすると思っていらっしゃる。でも，その免許をとる決心がつくほど，教師の仕事について十分な情報が手元にないのではないかと思えました。教師の仕事は身近だけれど，今の高橋さんにとっては，まだ仕事としてイメージがしづらい状況で，決めきれないのではありませんか。例えば，ご自身が直接子どもの教育に関わったり，支援したりするような経験やそういう仕事についている人の話を聞いたことはありますか？	
CL 8	まだ経験はしていません。周りにもそういうことをやっている人がいなくて。何をしたらいいのかわからないです。他のゼミなら教師になった先輩はいるのですが，うちのゼミの先輩は企業への就職が中心で，すぐに話を聞ける人がいないんです。	周囲にモデルがいないなかで，情報収集を行動に移す勇気が出ない状況と推測された。そこで，具体的な行動をイメージできるような提案を行う。
CO 9	周りの人と違う行動をするというのは勇気がいることですし，何をしたらいいか不安もあると思います。これは私からの提案なのですが，子どもたちの成長に関われるようなボランティアなどを探して，話を聞きに行ったり，実際に試してみたらどうでしょうか。そうすることで，自分がやりたいことかどうかを確かめることができると思いますよ。他大学の学生と出会う機会にもなると思います。教師以外に子どもの成長に関わる他の仕事を知ることにもなりますし。	
CL 9	そういうことは考えていませんでした。でもどのくらいの期間やってみればいいのでしょうか。	具体的な懸念が語られた。3年次の履修登録までに方向性を決められるように，期間を区切り，情報収集を行ってもらい，定期的に関わることで意思決定を支援する。
CO 10	教職をとるかどうかを決める必要があると思いますから，春休み中の2か月を使って，仕事の情報を収集するというのはどうですか。教師に関わる活動だけでなく，企業の情報も一緒に収集することで，比較もできると思いますよ。それから，他のゼミの先輩の情報も，キャリアセンターにはありますから，紹介することもできます。	
CL 10	はい，調べてみたいと思います。どのようにしたら子どもの成長に関わるボランティアの情報を集めることができるのか，教えてもらえますか。それから，他のゼミの先輩にも会ってみたいです。	行動への意欲が感じられたので，このまま情報収集を一緒に行おう。

Let's think

上記のプロセスを読んで，考えてみましょう。
□まず対話のみを読んで，あなただったらどのようなクライエント像を描きますか？
□カウンセラーの自問自答を読んで，カウンセラーの発言の意図を確認してみましょう。
□あなただったら，何に焦点をあてて，どのように見立てますか？

D　カウンセラーの仮説

(1) 全体方針（カウンセラーとしての行動方針，留意事項含）

　ゼミの担当教員が進路について情報提供をしていることが，かえって本人の進路決定を急かしてしまい，今もっている選択肢の中から焦って決定しようとしているのではないかと思われた。そこで，本人からの質問（今から教師になれるかどうか）に即答するのではなく，ここに来るまでに考えてきたことを，本人が振り返ることができるように尋ねることにした。また，2年生という時期を考え，進路を決定することではなく，今後自分で進路を決定できるようになるための考え方や行動を身につけてもらうことを目指して関わることとした。一方で，3年生以降の履修計画にも影響するため，一定期間のうちに大きな方向性（3年次に教職課程をとるかどうか）を明確にするところまで支援することにも留意しながら進めた。

(2) 考えられる問題の可能性（相談冒頭から焦点化のプロセスを経て出た仮説）

①過去の進学の際の進路選択の経緯から，意思決定に際し，自分にできそうかどうかに重きを置く癖がある。保健室の養護教諭との接点があったことから，高校までの学校生活において何かしらの問題を抱えていた可能性が伺える。
②教師という仕事の内容を十分に吟味しないまま，その準備に向かおうとしている。その結果，本人自身もしっくりきていないために，行動を起こせない状況につながっている。
③企業で働いているモデルが周囲にいないため，企業就職について限られた情報にしか触れておらず，視野が狭い。

(3) 問題を焦点化していくうえでのポイント

①「教職をとるべきか」という手段への回答を焦らず，そもそも教師に関心をもつ理由を丁寧に尋ね，本人の意思決定のプロセスを「自分がその仕事をする」という視点からともに振り返る（CO4-6）。
②情報収集内容の偏りへ焦点化し，その角度から本人に考えてもらい，支援を提案する（CO8）。

E 事例のまとめ

(1) カウンセラーの見立て

◆社会的背景から

就職活動の準備としてインターンシップへの参加が常識だと考えられるようになってきたが，そのことがかえって進路決定を急がせることにつながっていると考えられた。また，ゼミや身近な家族内だけでモデルを見つけられるとは限らないため，キャリアセンターは，幅広い情報へのアクセスを支援することも必要と判断した。

◆クライエント自身から

教師への関心は，漠然とした憧れと，教職免許をとることで自信をつけられるという理由からであり，仕事をするという視点からの幅広い情報収集をふまえた選択肢ではないことが徐々にわかってきた。大学2年生という時期の発達課題を考えると，多様な職業の選択肢について情報を得ることや，試行錯誤をして自分の興味や能力を確かめる「役割実験」が必要な時期であるが，それが十分でないと思われた。一方で，教職課程をとるとした場合，追加履修の可能性があることを考慮すると，意思決定のタイミングも重要であるため，春休みに集中的に情報収集の支援を行うこととした。

(2) 今後の計画

面談終了後，キャリアセンターがもつ情報を一緒に検索することにした。自宅でも本人に情報収集を継続してもらう。情報収集の結果から教師とそれ以外の仕事とを比較するための，情報整理用フォーマットを提供する。今のままでは，「できるかどうか」という視点からの情報収集に偏る可能性があるため，多様な視点（その仕事の目的，やりがい，必要な知識・スキル・経験，関わる人々など）から検討できるよう支援する。

春休み期間に体験できるイベントや活動への申し込みを促し，報告してもらう。次回は，体験後に上記のフォーマットをまとめたうえで，面談を実施することとした。

事例03　今から教師になれますか

F　本事例の全体像

■考えられる問題の可能性
❶意思決定の安直さ（自分にできそうかどうかで決定していないか）
❷教師職への情報不足（仕事内容を吟味しないまま準備を急いでいないか）
❸企業人への抵抗（ロールモデルがおらず，企業人への思い込みがないか）

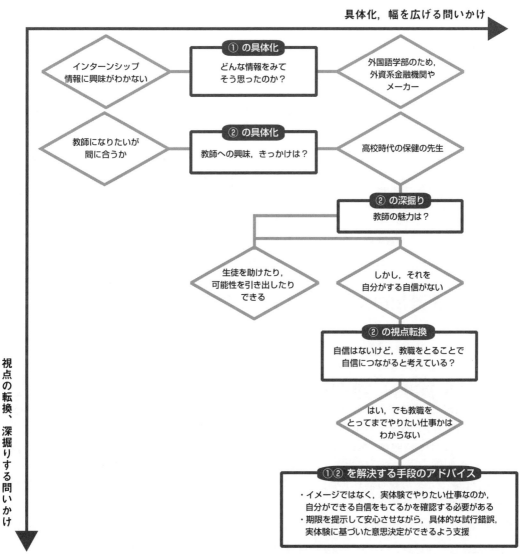

✓ 考えられる問題の可能性について，本人の眼前の問題にも対応しながら，キャリアを主体的に意思決定していく力をつけていくための気づきへと誘導していった。
✓ キャリアカウンセラーとして「進路指導（ガイダンス）における意思決定」について理解していたことで，相手の置かれている状況（時期）にあった対応ができた。

事例 04 母親に伴われた失業中の女性

A 前提

相談環境
A企業が契約している外部の相談機関の相談室，キャリアコンサルタントが非常勤勤務（週2日）。

申込時にクライエントから伝えられた情報
伊藤あやさん，20歳，女性，失業中。相談したいこと：就職活動の仕方について（最初は，A企業に勤務する母親（伊藤さん）が娘のことで相談を依頼する）。

相談の経緯
伊藤さんが娘（あやさん）のことで相談を申し込む。カウンセラーは「相談には娘さんも来所することが望ましい」と話す。伊藤さんは娘を説得すると約束したので，2週間後の午後に予約をした。

B 来談当初の状況

場面設定
当日は，予定の時間よりやや早めに，母親と娘が来所した。母親は，休暇を取ったとのこと。

入ってきた（会った）ときの様子
母親と一緒に，相談室の前の待合コーナーで待っていた。カウンセラーが「お待ちどうさまでした」と声をかけるまで親子は小声で話をしていた。カウンセラーが自己紹介をすると，二人とも立ち上がり，母親が「本日はありがとうございます」と娘を紹介した。娘も丁寧にお辞儀をした。そこで，できれば「伊藤さんにはこちらでお待ちいただき，あやさんとお話ししたいのですが」と言うと，母親も娘も了解し，相談室に入った。相談室で，椅子を勧めると，「ありがとうございます」と礼儀正しく，少々緊張気味ではあるがはっきりと答えて，着席した。

クライエントの最初の発言
高校卒業した後勤めていたところをやめて，家でゴロゴロしている私を見て，両親が私のことで言い合いをしているのを知っていました。母が困っていたのはわかっていたので，相談に来るように言われて，ついてきました。

事例 04 母親に伴われた失業中の女性

C 問題を焦点化していくプロセス

	クライエント（CL）とカウンセラー（CO）との対話	カウンセラーの自問自答
CO 1	そうでしたか？ 突然，お母さんの会社の紹介で相談に行こうと言われて驚かれたでしょうね。実は，お母さんが1週間前におひとりでいらして，あなたの就職のことで相談したいとおっしゃったのです。そこで，私の方から，直接あなたにお会いしたいとお願いしたのです。直接あなたのお考えなどを伺った方がよいと思ったものですから。よくお越しくださいました。	CLが相談に対してどんな思いであるかわからなかったが，来所したことは事実なので，少しでも安心して話してもらいたいと考え，今までの経緯をCLの方から話すこととした。
CL 1	母は何と言っていましたか？	少々不安げである。
CO 2	お母さんは「20歳になる娘が突然失業した」ので相談に乗ってほしいとのことでした。お母さんにとってはここに家族のことで相談にくるのは勇気がいったと思うのですが，それだけ心配しているのだと想像しました。でも，失業したのは娘さんのあなたですから，直接あなたとお会いし，あなたのお考えやご経験を伺った方がよいと考え，お母さんにお願いしました。あなたはご両親があなたのことで言い合いをしているのがつらかったでしょうね？	自主的に相談を望んだわけではないので，就職相談と思い込まない方が役にたつと判断し，COの方から来所をお願いした背景を説明し，話しやすい雰囲気をつくることを優先し，クライエントの最初の言葉に焦点をあてた。
CL 2	はい。失業してから，家でゴロゴロしている私が原因で，両親が言い争いをすることが多くなったので，私もイライラが募り，家にいたくないけれど行くところもないし……。取り敢えず，母の気持ちを考えて相談に来ました。	CLが内的に経験をしてきた情動（内的葛藤）に焦点をあてることとした。
CO 3	でも，仕事をしていないあなた自身が一番つらいのではないですか？ そのうえにご両親の言い争いの原因になっている自分のことを考えると，解決策もわからず，つらいでしょうね。	
CL 3	母から聞いていませんか？【CO：何を？】2か月前に，派遣の仕事が終わり，継続できなかったんです。まあ。継続できなくてもよかったんですけれど……。	来所時と異なり，かなり投げやりな言い方をするのが気になる。しかし2か月前のことを言えてほっとしているのではないかとも推察する。
CO 4	先程もお話しましたように，お母さんからは「あなたが，突然失業したので，相談したい」とだけ聞きました。私としてはあなたのことはあなたと直接話した方がよいと考えますので，それ以上は何も聞いていません。派遣の仕事が継続してもらえず，失業してしまった，そしてまだ，次の就職が決まっていないということですね？【CL：はい】 継続できなくてよかったようだともおっしゃいましたが，派遣先での働き方などもうすこし伺っていいですか？	
CL 4	[沈黙が続いたあと，下を向いてぼそぼそ話し出した]自分には合わないことのように思っていたのですが，やめる決心もつかないまま，今まで続けてきました。親を心配させたくもなかったので……。	沈黙しているのは当時を振り返っているように思えたので，黙って待つことにした。

		クライエント（CL）とカウンセラー（CO）との対話	カウンセラーの自問自答
CO 5		高校を卒業してから，同じ職場に派遣で働いていたのですね。【CL：はい】できれば主にどんなお仕事をしていらしたのか，聞かせていただけますか？	
CL 5		高校を卒業してすぐ車の免許をとったので，それを生かして，地方の農家から届いた野菜や果物をレストランや契約先のお店に届ける仕事が主でした。	
CO 6		親に心配をかけたくないので，そのお仕事を辞める決心がつかなかったとおっしゃいましたが，はじめからずっとそう感じながら，がまんしていたんでしょうか？ 働いているうちに，ほかにやってみたい仕事があるのではないかと考えるようになられたのでしょうか？	辞めたいという思いの背景に焦点をあてることで，働く意欲，働いてみて新たに知ったこと，職場の人間関係など，不明な問題を明らかにしたい。
CL 6		慣れてくるとそんなに大変なことはなかったし，運転していろんなお店にも行けたので，楽しくて自分に合うかどうか考えませんでした。でもいつも派遣の仲間はすぐに辞めてしまうので，私も継続されるかどうかは心配でした。やっぱり資格をとらないと，だめかなとも思ったりしました。この間同級会の集まりがあったけど働いていないんで欠席してしまいました。	だんだん派遣という働き方に不安を感じている様子が語られだした。
CO 7		それで，継続されなかった今は，安心して働き続けられるためにはどうしたらいいかと考えるようになられたのでしょうか？ そのために資格をとるとか，自分が本当にしたい仕事を見つけなければなど，家にいて，いろいろと考えてしまうけれどどうしたらいいかわからなくなってしまって，イライラしてしまったりすることもあったのでしょうね。でも就職はしたいんでしょ？ 違いますか？	今までの話から，高校から社会への移行を安易に進めたことが根底にある問題ではないかと考える。出口が見つからない苦しみを理解し，仕事の探し方を中心とした相談を継続することに焦点化したい。
CL 7		母がずっとこの会社で働いてきたのをみているので，私も就職するのは当たり前と思っています。大変なこともあったようですが，生き生きとしていますから。	
CO 8		お母さんがあなたの生き方の見本なのですね。【CL：はい】よかったですね。お母さんを通して，働くことは大変なこともあるけれど，働き続けたいという思いが強くなっていたのですね。【CL：はい】でも今派遣が継続されなくなったことで，就職先をどのように探したらよいか，わからないという課題にぶつかってしまったのではないでしょうか？ いかがですか？	働き続けたいのに派遣が継続されなかったことが，混乱の原因と考えられる。
CL 8		はい，できれば派遣ではなく正規に勤めたいのです。それを父に話したら，ハローワークに行ってみたら，と言われました。でもハローワークに行っても，希望する仕事とか条件，職歴を聞かれて，答えられなかったんです。	仕事の探し方の支援が必要と考える。
CO 9		そうでしたか。ちょっと伺いますが，どのようにして派遣会社に登録したのですか？	

	クライエント（CL）とカウンセラー（CO）との対話	カウンセラーの自問自答
CL 9	親戚の人が派遣会社で仕事を探してもらっていると聞いたので紹介してもらったんです。運転免許をもっていることが条件で紹介されたのが今までの仕事です。	あえて高校卒業時点のことは質問しないことにした。
CO 10	そして2年ほど同じところで働いたんですね。先ほどのお話では、契約延長してもらえなくてよかったかもしれない、とおっしゃったでしょう？【CL：はい】ということは、それを機会に本当に働きたいこと、正規社員になりたいという希望があることなどを考えるチャンスにもなったと考えられるかしら？	今までの話を要約し，焦点化に進む。
CL 10	そうですね。働いているときは毎日動いていたので、深く考えませんでした。でも配達先の人と話したり、生産農家の人からは初めて聞く話が多くて楽しいし、新しいことも教えてもらえるんで、いい経験も多く、毎日何となく過ごしました。辞めてみて、働きたいという思いが強くなったんですね。父からも言われるんですが、きちんと就職したいと思うんです。	過去のよい経験を具体的に振り返ることができ，就職したいという意向が明確となるので，就職先の探し方に焦点化してもよいと考える。
CO 11	いろいろな人と出会う仕事も嫌いではなさそうですね。【CL：そうですねー】そこで提案ですが、まず仕事の探し方、探す順序などをお話しできれば、あとはご自分で仕事探しができると思います。もちろんご両親に相談するのもよいでしょう。いかがですか。よろしければ、週1回ここに来て、どうやったらあなた自身で仕事が探せるか、一緒に考えていきたいと思うのですが。	
CL 11	いいですか？　よろしくお願いします。では次は1週間後でいいですか。それまでに履歴書は書いてきます。	
CO 12	最後にお願いがあるのですが、今日、あなたが話している間お母さんは外で待っていらっしゃいましたよね。【CL：はい】そこでお願いは、お母さんがどんな気持ちで待っていたかを考えてみてはどうでしょうか？　私は、お母さんは、あなたがどんな話をしているのか、気になるし心配しているのではないかと想像してしまいます。いかがですか？　そこで、あなたの方から、あなたが話してよいと思うことを説明した方がよいと思うのです。例えば、あなたがイライラしていたのはどうやって次の仕事を探していいかわからなかったからとか、あなたがお母さんのように働き続ける生活にあこがれるとか、ほかに何かありましたか？　そして来週からここで就職活動の仕方を相談するなどの計画を立てたから安心して待っていてほしい、というようなあなたの計画など、ほかにお話しできることはありますか？	ここで今日の相談を要約することで、クライエントに、相談の結果について再確認する。クライエントの話したことの主な内容を確認することで、クライエントの自己確認を促し、相談を続ける意味とその意思があるという、主体的な意思決定をさせる。また自分の就活だけでなく、両親の心配に対して心遣いすることで、両親との関係を促進することを助ける。
CL 12	そうですね。きっと何を話したの、と聞かれると思いますから、私の方から、両親に心配をかけたこと、私がイライラした理由、仕事を探したいことを話し、ここで先生と就活を始めるから安心して待っていてほしいと言いたいです。	この言葉から、就職活動の時期に、両親、主に母親が何か影響を与えていた可能性を考えたが、今回はここで終了することとした。

D　カウンセラーの仮説

(1) 全体方針（カウンセラーとしての行動方針，留意事項含）

　本人が自主的に仕事探しをする気持ちになることを目標とする。就職関係以外の話，過去の職場の経験などには，あまり注意を向けないこととする。

(2) 考えられる問題の可能性（相談冒頭から焦点化のプロセスを経て出た仮説）

> ①なぜ，最初の職業が派遣会社登録であったのか疑問である。可能性としては高校卒業時点に就職について，ゆっくりと求人を探索する時間もゆとりも，方法も見つからなかったのかもしれない。親の期待が重くのしかかっていたのかもしれない。
> ②派遣が継続されなかった原因の追及は避けた方がよいが，働くこと，就職についての意欲の確認が必要。
> ③両親の影響がある。特に高校卒業の進路選択時に，クライエントの就職活動に影響を与え，クライエントがじっくりと考えられなかったとか，親に任せてしまっていた可能性がある。

(3) 問題を焦点化していくうえでのポイント

　本人が相談を必要として始まったわけではなく，むしろ心配する母親の希望にこたえる形で始まった相談である。相談の過程から，高校卒業時点から社会への移行時に十分な支援がなかったか，あるいは進学が第一希望であったため就職活動が遅れたか。またなぜ派遣が継続されなかったのか，親のプレッシャーや心配が原因かなど，失業に至った背景は過去の就職活動に戻らねばならない複数の問題が関係していると考えられるが，初回の対話の中から，不明なことが複数考えられる。しかし，対話が進むにつれて就職することについて，かなり具体的に語られだした。例えば，①失業中イライラ感が募るという心理的圧迫感を解消したい（CL14），②派遣という働き方への不安（CL6），③母親のような生き方が見本であること（CL7），④就職活動に必要な知識や経験不足（CL9）などである。

　そこで，派遣ではなく，常用雇用を目指して，求職活動に不足している情報や態度の獲得に焦点をあてる。

E 事例のまとめ

（1）カウンセラーの見立て

◆社会的背景から

　学校生活から就職への移行が困難な時代に就職視点が不足している現実とともに，安易な就職方法や，就職の形態が多様化している社会環境が背景にある。家族構成は不明であるが，それには立ち入らなくてよいと判断し，むしろ，クライエントと両親，特に母親の積極性を考えると，心配が先に立ち，20歳の娘を子ども扱いしている恐れも考えられるので，クライエントが話せる状況をつくることが大切であると判断した。

◆クライエント自身から

　自分が何をしたいかがわからない，でも今までの仕事からいろいろな人と会い，学ぶ喜びを経験できていることなどから人間関係や働く意欲に課題があるのではないと見立てられる。さらに，働き続ける母親を自分のモデルしていることから，就職したい意志が強いことが明らかなので，就職活動の仕方を提供することで現実的な将来生活を実現できると見立てる。

（2）今後の計画

　次回から週1回の面接を通して体系的な進路相談を行う。具体的には，職業生活についての過去をさらに深く振り返ること，回避したい条件（希望はいろいろあるのは当たり前）の内容とその理由，求人情報の見方，探し方，両親や知人の意見や考えの影響などを振り返りながら，他方で，正規雇用についての知識の幅を広げ，主体的に，具体的な就職活動を計画して実行することを目指す。

事例 05 情報に翻弄される就活大学生

A　前提

相談環境
X私立大学のキャリア・センターの窓口・カウンター。

申込時にクライエントから伝えられた情報
加藤さん，21歳，男性，X大学国際学部4年生。相談したいこと：就職活動の仕方について。

相談の経緯
予約制度があることを知らず，友達からセンターのことを聞き，4月の新学期早々，就活について相談しなければならないと思い立ち，突然来所した。

B　来談当初の状況

場面設定
センターの受付で，予約する必要があることを初めて知った。予約をしていないが，4年生の4月という時期を考え，予約学生の時間の合間に会うこととした。

入ってきた（会った）ときの様子
予約学生との相談が終わるのを待っている間（20分程），まず相談票を記入。その後珍しそうにセンター内を見わたし，備え付けの情報誌やパンフレットを手に取ったり，書架を眺めていた。

クライエントの最初の発言
すみません。突然で。予約を取らなければならなかったことを知りませんでした。でもありがとうございます。（相談票を手渡し）これでいいですか？

Let's think

AとBの情報から，あなたはカウンセラーとして
☐どのように話しかけますか？　　☐それはなぜですか？

事例05 情報に翻弄される就活大学生

C 問題を焦点化していくプロセス

	クライエント（CL）とカウンセラー（CO）との対話	カウンセラーの自問自答
CO 1	お待たせしました。加藤さん。[相談票を見ながら]センターは初めてのようですが，待っている間，何か，目についた情報や，書物などありましたか？	4年生の4月であることから準備不足は明らかであるが，待っている間の行動から，焦って混乱したり不安になって落ち着かないという様子は見られないので就活の話に直ちに入った方がよいと判断した。
CL 1	はい，初めてです，ここがあることは知っていましたが……。つい忙しくて。ここにはいろんな情報が集まっているんですね。3，4年生だけでなく，2年生も来ていいんですか？	
CO 2	ええ，だれでも。気楽に立ち寄って，利用してもらえるように工夫しているんですよ。ただ他の学生に迷惑になることだけはしないこと，相談したいと思われたときは基本的に予約してもらうことくらいですね。決まりごとは。2年生が来ているとよくわかりましたね。1年生も立ち寄ったりしますが。	待っている間の行動や，閲覧している学生にも話しかけている姿，礼儀正しい話し方などから，精神的に落ち着いていると判断した。
CL 2	あそこにいる学生にちょっと話しかけて聞いてみたので。彼は部活の後輩ですから。	積極的な学生である。
CO 3	加藤さんは初めてなんですね【CL：はい】。よくいらっしゃいましたね。どなたかに勧められたんですか？	学生の人間関係（教師を含め）模様が垣間見られると考えた。
CL 3	いえ，だれかに勧められたわけではないんです。実は，もうすぐ，就職内定ができる時期ですよね。それで焦ってしまいました。実は自分は，インターンシップにも行っていないし，会社訪問も一社もしていないんです。エントリーシートの書き方も習っていません。部活の先輩達の中には，留年して今年就職活動をして，つい先日内々定をもらった人も数人います。焦っても間に合わないので，僕も，今年は留年して就職を一年延ばし，これからインターンシップに行ったり，企業研究や企業訪問をしっかりしたほうがいいかも，と思ったりするのです。部活の先輩たちのように。どうでしょうか？	一気に，自分の心配事を整理して話せる学生である。 4年になって初めて就職活動を全くしてこなかったことに気づき，周りの人々の様子や意見に関心をもった行動が伺える。しかし，就職活動について巷間の誤った情報をうのみにしている様子が伺える。
CO 4	とにかく，よく相談に来てくれたと思います。お話を伺っていると，周りの状況を見て初めて，内定時期がせまっているのに，自分は就活もほとんどしていないし，卒業後のことは考えてこなかったことに気づかれたんですか……。それでこのままでは就職はできないかもしれないし，と言ってどこでもよいというわけもないですよね。真剣に就活をするためには時間がないので，思い切って留年してきちんと準備したほうがよいかということも考えだしたということですね。	CLは自分の状態を具体的にかつ冷静に話せるところから，CLが自己を客観視し，具体的行動がとれるようにするために，CLの話した内容を要約して伝えることは，CLが自分を客観視し，自分を見つめるのに役立つと判断した。

45

	クライエント（CL）とカウンセラー（CO）との対話	カウンセラーの自問自答
CL 4	いや，薄々は気になっていたと思います。部の先輩たちの経験を見てきたので……。でも毎日が忙しくて，あっという間に自分の就活時期が来てしまったという感じで，慌てだしました。仲間とも，今更焦っても仕方ないから，先輩のように，留年して来年に向けて今から就活に専念しようかなどと話をしたりしているのですが。	
CO 5	先輩や仲間たちと将来のことはよく話されるのですか。【CL：はい】それではいくつかお話をお伺いしたいことがあるのですが，いいですか？【CL：はい】加藤さんは卒業後就職したいのですか，それともそのことも迷われているのでしょうか，その点はどうですか。	時期的に時間も迫っているので，就職の意思の有無を確認した方がよいと考えた。
CL 5	[はっきりと] はい，大学卒業したら就職します。ただどこにとは決めていませんが……。	就職にあたってのCLの本当の心配が明らかとなった。つまり，CLの直面している心配と焦りが就職するかどうかではなく，きちんとした就職をしたい強い思いをもつがゆえに，就活についての巷間の情報に翻弄されていることが明らかとなった。
CO 6	就職することは決めていらっしゃるのですね。【CL：はい】それではもう一つお伺いしますが，先ほどからのお話しで，インターンシップや企業訪問をしていないから，4年生になってからでは就職活動は間に合わないと思う。だから，留年してでも，時間をかけて，真剣に就活に取り組んだほうがよいのかどうかを考えたくてここにいらしたのでしょうか？	
CL 6	はいそうです。インターンシップや会社訪問は就活には不可欠でしょう。同級生もほとんど経験し，そして，内々定が出ているんです。	
CO 7	留年すると決める前にここに来てくれたこと，本当うれしいです。というのは，最近就活について，誤った情報が広まり，多くの学生がそれを信じて，焦り，迷いの渦に巻き込まれてしまい，結果として，就活で一番大切なことを忘れてしまうということが起きているからです。中には留年すると決めてしまったりもしています。でも，これからでも遅くないのです。ただきちんとステップを追って進めば間に合います。私の考えについてどう思われますか？	CO自身の気持ちと考えを話すことで，CLが乗り越えなければならない課題，つまり就活についての誤解の解消と留年という安易な道を取ることを避け，就活に向き合えるように介入することが必要であると判断。
CL 7	えっ，そうなんですか。[沈黙，考えこむ] でも僕は，どこでもいいから就職できればいいなんて思っていません。[少々むっとなり，沈黙] ……。ただどんなところで働きたいかがわからないんです……。まだ，本当に間に合うんですか？	自分自身と向き合いだしたので，口を挟まないことにした。
CO 8	はい，加藤さんが納得できる就職ができるように援助することが私の願いですし，役割でもあります……。そこで，もう一つ伺いたいことがあるのですが，いいですか？	自分の過去を振り返ることによって，後悔だけでなく，自分の希望も明らかになった。繰り返しは不要と判断。むしろ就職に対するCO自身の思いを伝えることで，安心感が深まったので，質問や情報提供，アドバイスができると判断した。

	クライエント（CL）とカウンセラー（CO）との対話	カウンセラーの自問自答
CL 8	はい，本当は就職したいんです。でもどこでもいいわけではないので。もっと早くから取り組めばよかったなあ……。部活で，他大学との交流など忙しくて，就活する時間がなくて。4年になって気づいたときには遅れを取ってしまったので……。自分が勤めたい会社を探すために，留年を考えたのです。	
CO 9	そうでしたか。では今から就活に専念しましょう。【CL：できますか？】その前に，大切なことをもう一つ伺いたいのですが，いいですか？【CL：はい】まず，卒業単位と，卒業論文はどうなっているかということなのですが。	留年を考えた理由を明らかにする必要があると判断し，卒業条件についての状態に目を向けてもらうこととした。
CL 9	はい，それは大丈夫です。卒論もきちんと進んでいます。指導教授からOKも出ていて，この間も「きちんと卒業しろよ」と言われました。	
CO 10	そうですか，それを聞いて安心しました。学業の方はきちんと進んでいるんですよね？【CL：はい】よかった！　では留年する必要はないと思うんですよ。就職先が決まっても卒業できなければ就職できないですからね。	指導教授との関係も良好なので，就職活動に積極的に取り組めると判断。
CL 10	でも，インターンシップや企業訪問は間に合わないですよ。そうではないんですか？［語気が強まる，挑戦的でもある］	挑戦的になっていえるのは自分と対決しだしたと考える。
CO 11	違いますよ。先ほども申し上げたように，そういう情報が就活する学生を悩ます風評なんです。なぜインターンシップや企業訪問が意味があるのか考えたことありますか？【CL：いいえ】あなたを責めているのではないんです。それよりも，他の学生のように，あなたが3年次の時にどうして，就活の準備を開始できなかったのか，それを聞いてもいいですか？	CLの考えに対決することが問題解決を進めることが必要と判断し，CLの自己対峙を促しながら，就活に積極的に取り組ませる必要があると判断。
CL 11	［はずかしそうに］すみません。ここにきて初めていろんな資料があるのを知りました。［にやにやしながら］実は部活に一生懸命で3年次には部長になっていたので部の運営責任，後輩の相談や指導，渉外などで忙しくて……。今は解放されました。	
CO 12	そうですか，部長としての責任や仕事の経験は，実は就職してからきっと役に立つと思って聞いていました。その経験はエントリーシートや面接でぜひ話せるといいと思うのです。あなたの良さが伝わります。	就活についての正確な情報を提供するチャンスと考える。
CL 12	実は部活の先輩の職業人達とはよく，いろいろ話しました。でもそれは就活ではないでしょう？	

	クライエント（CL）とカウンセラー（CO）との対話	カウンセラーの自問自答
CO 13	そんなことないです。でも心配なら，さっそく部活の先輩の意見を聞いたり，先輩の会社を訪問させてもらってはどうですか。必要なら卒業生を紹介できますよ。ちなみにご家族はどんなふうにおっしゃっているのですか？	巷間に流布する就活から離れて真の就活を行うために先輩の社会人や家族など周りの人々の考えに目を向けさせることが大切であると判断した。
CL 13	実は，両親は就職を期待していると思います。ですから留年する場合には，もっといい就職先を探すとかなんとか言わないといけないかな，と心配でした。情報収集のために親や先輩と具体的に話しますが，具体的な就職活動に向けて，教えてください。集中しますからよろしくお願いします。	
CO 14	そうしましょう。次回は加藤さんが先輩やご両親と話したことから得られた情報や将来への考えなどを整理しながら，具体的な就活を始めたほうがよいと思います。どうですか。	時間的にはあまり余裕がないと判断し，現実的な就活を進めるが必要なので，具体的な指導を計画的に進めることを約束する。
CL 14	［元気いっぱいに］はい，お願いします。遅れを取り戻しますから，よろしくお願いします。	

Let's think

上記のプロセスを読んで，考えてみましょう。

□まず対話のみを読んで，あなただったらどのようなクライエント像を描きますか？

□カウンセラーの自問自答を読んで，カウンセラーの発言の意図を確認してみましょう。

□あなただったら，何に焦点をあてて，どのように見立てますか？

D カウンセラーの仮説

(1) 全体方針（カウンセラーとしての行動方針，留意事項含）

4年生の4月という時期[1]を考え，就職，卒業に焦点をあてながら，クライエントの課題の整理をする，という方針を立てる。その方針のもとで，最終学年であることを意識し，クライエントの大学生活と今後に焦点化しながら，就職活動への支援の在り方を具体化する。

(2) 考えられる問題の可能性（相談冒頭から焦点化のプロセスを経て出た仮説）

3年次に就職活動を始めなかった理由として，成績問題，指導教員との関係，アルバイトや趣味に熱中，家庭の事情などの個人的事情などが考えられる。ただ，優柔不断とか，心理的問題などで，進路を考えることを回避してきたわけではないことは明らかである。学業上にも，人間関係上も問題はないようである。対話の内容から，大学生にありがちな就活についての誤った情報，風評の影響が，混乱の原因と仮説する。

(3) 問題を焦点化していくうえでのポイント

最終学年であるという現実の焦点をあて，かつ対話の様子から，精神的にも社会性においても成熟した学生であると判断した。

①学業上に問題はないこと，就職を希望していることが明らかとなったので，就職活動の支援に集中できることが確認できた。②就活に関する明らかな問題は，就活についての情報不足と，風評の影響による就職活動についての誤解に焦点をあてることとした。③単に誤解の指摘に終わるのではなく，具体的に納得いく形で，知的に説明することに焦点をあてることで，現実的な就活に行動を移せるように援助をすることで誤解を解き，本人の行動力を促すことが課題である。

---

[1] 本原稿執筆時点（2016年5月）の日本経済団体連合会による採用選考に関する指針では，広報活動は卒業・修了年度に入る直前の3月1日以降，選考活動は卒業・修了年度の6月1日以降と示されている。本事例はその前提で作成されている。

E 事例のまとめ

(1) カウンセラーの見立て

◆社会的背景から

　情報の多様化という社会環境のなかで，大学生の就職にまつわる様々な情報や講座，さらに就職支援専門の企業による誘い，就職協定を巡る外的環境は複雑化の一途をたどり，当の大学生は判断基準や精査する時間を獲得する以前に混乱の渦に巻き込まれているのが現状である。他方で，価値の多様化とは言っても，大企業志向という価値観は学生を取り巻く社会の底流にあることは否めない。さらに保護者や教員の経験した学生時代は明らかに現実とは乖離する部分が大きい。このような社会背景から，学生が就職に関して焦り，混乱し不安になった結果，準備不足とか自己理解の不足という以前に，風評を信じて行動したり，現実逃避を考える可能性もあると見立てる。

　しかし，本学生の場合，現実逃避ではなく，就活をきちんとしたいという願いが強い。また，相談を通して自身の現状，大学生活の経験などを振り返り，自分と就職について客観的に考えられる成熟さをもっていると見立てることができたので，現実的な情報の提供を通して，自己と向かい合い，具体的な就活指導を行いながら，自分で判断し決断する過程を重視する。時間的に限られていることと，学生自身の真剣さと判断力の程度から，相談の予約を多くとり，宿題をだすことで，就活の遅れは取り戻せると見立てる。

◆クライエント自身から

　大学生活を振り返り，留年の必要がないことに気づき，就活についての風評の存在を知りえたこと，相談の過程で自分を客観的に見つめられ，現実吟味に役立つ情報の提供や就活に役立つ具体的な行動を提示されたことで，前進でき，意思決定して，行動に移せると考えて安心した。できるだけ早く就活に入りたいと考える。

(2) 今後の計画

　本セッションの終了時に，今考える企業職種や将来への夢や想いを書いてくる宿題をだす。次回は，その宿題を使いながら，個別的に具体的な就職ガイダンスを早急に開始する。情報の集め方，読み方，先輩との連絡や企業訪問など具体的な行動計画をつくったり，レジュメの書き方の指導など一連の進路・就職ガイダンスのセッションをもちながら，クライエント自身の考えや価値観，将来設計について話すセッションをもつ。

コラム② メタ認知：カウンセラーの自問自答の質を高めるために必要な能力

「メタ認知（Metacognitive Ability）」は，元は心理学，認知科学の用語ですが，最近では頻繁に耳にするようになりました。

「メタ」とは，「高次の」という意味です。「メタ認知」とは，自分の思考や行動を，主観的にではなく，対象として認識することで，自分自身の認知活動が今どのように行われているのかを把握することです。「××を知っている」というのが知識，「××を自分が知っている，ということを知っている」ことが，メタ認知です。メタ認知は，自分の認知・行動が，状況に対して適応的かどうかを考え，修正するうえで大変重要な能力であるといえます。

メタ認知は，「高い」「低い」という表現をしますが，学習指導上，生徒のメタ認知能力を高めることで，学習する力そのものを高めることができるという研究成果などを通し，教育場面では広く活用されてきました。またビジネスにおいても，「虫の目」「鳥の目」の両方で解決策を考えろと言われるように，あたかももう一人の自分が一段上の視点で，自分自身の思考や行動を見直すことで，新たな発見や解決策，また学びが生まれるのです。

この「メタ認知」は，カウンセラーにとっても必須の能力です。クライエントと自分の対話の状況，また自分自身の思考を高次の視点で把握することは，ケースをマネジメントしていくうえでは欠かせません。

カウンセラーは，その場その場で当意即妙に応答しているのではなく，移り変わるクライエントの状況や対話，そしてそれに対する自分の思考をメタ認知で把握しながら，対話をしているのです。

本書の各事例における「カウンセラーの自問自答」欄では，カウンセラーのメタ認知活動が疑似体験できるようになっています。目の前のクライエントに集中し，つぶさに観察しながらも，揺れ動く対話の流れと自分の思考を高次の視点で捉えるメタ認知能力のトレーニングにぜひ活用してください。

【引用・参考文献】

ブラウン，A. L. 1984 メタ認知―認知についての知識―ライブラリ教育方法の心理学（2）サイエンス社（Brown, A. L. 1978 Knowing when, where, and how to remember: A problem of metacognition. In L. B. Resnick (Ed.), *Advances in Instructional Psychology*, Vol. 1. Hillsdale, NJ: Lawrence Erlbaum Associates.）

Flavell, J. H. 1987 Speculations about the nature and development of metacognition. In F. E. Weinert & R. H. Kluwe (Eds.), *Metacognition, motivation, and understanding*. Hillsdale, NJ: Lawrence Erlbaum Associates. pp.21-29.

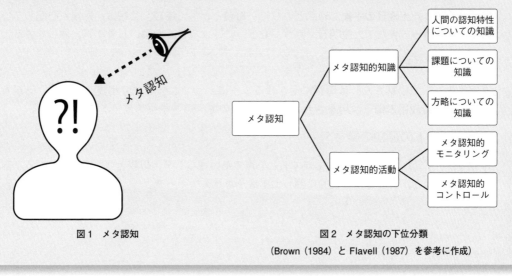

図1　メタ認知

図2　メタ認知の下位分類
（Brown（1984）と Flavell（1987）を参考に作成）

事例 06 転職相談で母親がついてきた三者相談

A 前提

相談環境
A企業が契約しているキャリア相談室。キャリアカウンセラー常駐，従業員およびその家族が利用できる仕組み。

申込時にクライエントから伝えられた情報
小林さん，22歳，男性。相談したいこと：転職希望（最初の相談の申し込みは父親，転職を希望する息子（別企業に勤務中）の相談のことを申し込む）。

相談の経緯
父親は人事課より，家族も相談することができると聞き，専門学校卒業後就職している会社から転職を希望している息子のことで相談を申し込む。カウンセラーは父親が相談室を訪問した際，「相談の当日，できれば息子さんが直接相談に来ることを勧めてほしい」と伝える。

B 来談当初の状況

場面設定
父親が希望した土曜日の午後，時間どおりに，母親とともに来談。父親は，母親が心配しているので，付き添ってきた，と説明し，カウンセラーに「よろしくお願いします」と言って去る。

入ってきた（会った）ときの様子
クライエント（小林さん）は母親に促されるように，うつむき加減で相談室に入る。母親も一緒に入る。母親用の椅子が用意されていなかったので，急遽予備の椅子を出して勧める。

クライエントの最初の発言
母親に続いて，「よろしくお願いします」と小声であいさつして，母親と並んで，着席する。緊張しているためか，自分から積極的に話し出す様子が見えなかった。

事例06 転職相談で母親がついてきた三者相談

C 問題を焦点化していくプロセス

クライエント（CL）とカウンセラー（CO）との対話	カウンセラーの自問自答
CO 1：お母さんもご一緒とは存じませんでしたので、椅子も用意しておりませんで、大変失礼しました。早速ですが、先日お父さんがお越しになり、相談申し込み書を記入してくださいました。お父さんのお話では、小林さんが転職を考えているが、どうしたものか、心配だということで、こちらにお見えになられたのです。そこで、私がご本人に直接お会いしたほうがお役に立てると思いましたので、こちらにいらしていただくようにお願いしました。もし私が誤解していましたらどうぞご遠慮なくおっしゃってください。お母様いかがでしょうか？	CL自身を対象として話を進めたいと考えるが、予期せぬ母親の同席に少々戸惑った。そこで、父親の指示で来所したと考え、来所に対する母親の気持ちや息子の相談に対する感情などを配慮することが大切と考え、CLの方から経緯を話し、共通の土台づくりをすることが安心感を高めるのに役立つと考えた。
CL 1：[母親が答える] そうなんです。なぜ転職したいのかと聞いたのですがはっきりと言わないんです。勤めて2年目ですから。石の上にも三年と言われるように、転職は早すぎると言っているんですが。父親に話したら、こちらに相談に来るようにということで、今日伺いました。	かなり母親の心配が影響しているようだ。とりあえず母親の心配を受け止めることで安心してもらい、あとは息子とCOの話を聞いていてもらうようにしなければならないと決心。
CO 2：[二人に向かって] 転職したいとおっしゃったのは突然ですか？ それでは驚かれますよね。そう考えるようになった理由を話してくれないと、親としては、一層心配になりますよね。会社でつらいこと、嫌なことでもあったのかなどと、否定的なことばかり想像してしまわれたのでしょうね。	母親の言葉を生かしながらも、CL自身にも話しかけるという方法で、両者に話しかけ、話しの内容を具体的にすることに焦点をあてる。
CL 2：[母親が答える] はいそうなんです。今の会社に就職できて喜んでいましたし、特にいやだとか、辞めたいなどと、この2年間一度も言っていなかったものですから。心配になりまして……。	転職したいと思うことは現状がよくないと早合点しているらしい母親の様子。理由を聞いて安心したいのか。親子で話せるように、まず親の心配に対してCLはどう考えているのかを話せるように介入したほうがよいと判断。
CO 3：[CLに向かって] 小林さんが転職したいと言ったのを聞いて、お母さんはあなたがつらい思いをしているのではないかと心配すると同時に、3年は我慢しなければあなたの将来が心配だと思っているようですが、そのようなお母さんの心配を聞いていかがですか。	
CL 3：心配してくれているのはわかるのですが……。いつも心配が先に立って、ゆっくり話ができないので、面倒くさくなって、最近まで転職の話を出せなかったのです。	親子の言い争いに発展しないように気をつけることとする。
CO 4：[母親に向かい] 息子さんはこのようにおっしゃっていますが、息子さんの今の言葉をお聞きになっていかがですか？	
CL 4：[母親が答える] 親が子どものことを心配するのは当たり前でしょう。先生！	母親は息子の言葉を理解できず、COを通して話そうとしている。そこで親子で話すように介入することとする。

53

	クライエント（CL）とカウンセラー（CO）との対話	カウンセラーの自問自答
CO 5	しかし，心配することは悪くないですが，今息子さんが言われたことについてはどうお考えですか？ 心配が先に立ってしまうので，ゆっくりと話ができないということですが。また，小林さんもお母さんの心配はわかっているのですよね。【CL：はい［小声で］】でしたら「心配はわかるけど，話を最後まで聞いてくれ」と言ってみることはできないでしょうか？	
CL 5	最後まで言わせてくれれば話しますよ。父に話した時は聞いてくれましたし，まだ決めたわけでもないのに，勝手に決めたと思い込んでいるので，話ができないです。［声が大きくなる］	CLの声が徐々に強く，いらだちを表現しだしている。しかしその感情には触れず，母親が話の内容に注目できるようにし，話し合えるように援助することを目指すことを決心。
CO 6	では，ここで，あなたが「転職を考えている」ことに関して，もっと詳しくお話したいことを，今お母さんに話してみてはどうでしょうか？ お母さんは息子さんが話し終わるまで，口を挟まないで，聞いてくださる事をお約束くださいますか？ そのあとで，質問したいことや，感じていることを話してみてはどうですか？	両者が決心して話し出すことを決めるまで，時間を取って待つこととした。
CL 6	ぼくはまだ転職すると決めたわけではないです。勝手に転職すると決めないでほしい。ただ，転職を考えたいと思っていることはわかってもらいたいですね。子どもではないんだから。	日頃からの母親への怒りを表現しているがそれには触れないで，この機会に話し合える状況を体験することを助けることで両者の発達を促進できることをCOの役割と考える。
CO 7	できたら，もう少し具体的にお話いただけますでしょうか？ どんな経験が転職を考えるきっかけとなったのかとか，転職とは具体的にはどんな思いを意味しているのか，いつごろからそのようなことを考えるようになったのかなど，話せることからで結構ですが。私もお伺いしたいです。そうすれば何かお手伝いができるかもしれないと思うのですが……。どうですか？	転職という抽象的な表現で，具体的にどんな経験を表現しているのか，転職を考えるきっかけとなった経験を振り返ってもらうことで「転職」という表現が意味することを具体化することができるであろうと考える。COはCLの最後の質問には答えないこととした。かわりに母親とCLが話し合えるようになるよう介入することを決心した。また，CLの言葉が丁寧で，考えながら話すようになることに気づく。
CL 7	［遠くを見やりながら］半年くらい前から考え始めたと思います。きっかけは専門学校時代の友人と会い，卒業後のことを話しているときに，彼が最近転職したことを聞いたのです。その時の話が関係していると思います。それは父に話しました。父は「焦らないでゆっくり考えたらいいだろう」と言ってくれました。それで母にも話すと大ごとになってしまって……。そして，本当に転職してみたくなったと思います。転職するなら若いうちの方が有利でしょう？ どうですか？	

54

事例 06　転職相談で母親がついてきた三者相談

	クライエント（CL）とカウンセラー（CO）との対話	カウンセラーの自問自答
CO 8	お母さんは，よく我慢をして，あなたの話を聞いていてくださっていたのに気づきましたか？　ではここで，小林さんのほうからお母さんにお話しできることはないですか？	母親の努力をわかるように介入する。CL の言葉が丁寧になる。
CL 8	そうですね……。[考える] まだ転職を決めたわけではない，ということですね。でもときにはそんな風に思いたくなることだってあるよ。3 年目になると，自分の下に新人が入ってきたり，入社してすぐ退職する人が増えたと聞いたりすると，自分のことをいろいろ考えてしまって……。[沈黙]	CL が母親との関係を離れて，自分自身の最近の生活を振り返り出した様子に注目し，新たな局面に入ったと判断。母親との対話を進めることを中断したほうがよいと判断。
CO 9	[母親に向かい] 息子さんと話していて，心配はまだ残っていますか。どうですか？　私には，息子さんが職業生活にも慣れて，ご自身のこれからを考える余裕がでてきたのではないかと思うのです。[CL の方を向き] いかがでしょうか？	
CL 9	今の仕事が嫌なわけではなく，ただいろいろ考えたいだけです。僕ももう 22 歳ですから。[母親が下を向く]	CL は，母親から子ども扱いにされることに不満らしいが，その感情は取り上げないこととする。
CO 10	そうですね。では次回は，いろいろお考えのことを話し合いましょうか？【CL：「はい」】お母さんも，転職しようとしているわけではないことはお判りになり，ご安心されましたか？	母親に安心してもらうことを意図し，そのうえで，次回は CL 一人で会う約束をしたいと考える。

Let's think

上記のプロセスを読んで，考えてみましょう。
☐まず対話のみを読んで，あなただったらどのようなクライエント像を描きますか？
☐カウンセラーの自問自答を読んで，カウンセラーの発言の意図を確認してみましょう。
☐あなただったら，何に焦点をあてて，どのように見立てますか？

D　カウンセラーの仮説

(1) 全体方針（カウンセラーとしての行動方針，留意事項含）

　予想しなかったが，父親の行動から，母親が同席することを望んでいるようにも思えたので，あえて退室するように言わず，クライエントと一緒に相談に入ることとした。ただし本来の対象は，クライエントであるので，三者面接の原則にのっとり，カウンセラーはクライエントを主な対象者とし，クライエントの問題の解決のために，母親とクライエントとが話し合えるように介入することを行動方針の原則とした。したがって，どちらかの立場に立ったり，代わって発言したりすることはせず，両者が，互いの行動を見直し，わかり合いがすすむことで，二人の間でクライエントの問題を解決する行動がとれる方向に向かうことに留意した。

(2) 考えられる問題の可能性（相談冒頭から焦点化のプロセスを経て出た仮説）

　クライエント自身が考えている相談課題が何か不明確ではあるが，父親が相談を勧めたことから，クライエントの転職問題が家庭内でかなり問題となっている可能性が高いことが考えられる。

(3) 問題を焦点化していくうえでのポイント

　カウンセラーは，クライエントと母親のどちらの立場にも立たないことに留意しながら，相談の課題が何かを把握するため，二者の話している雰囲気，話の内容などを観察することを重視することから始める。

> ①母親の心配心が問題をこじらせており，それが原因で真の問題が不明確となり，感情的にこじれ，話ができないと判断した（CL3-6）。
> ②相談の主体が息子であることを明確にするために，転職発言をテーマにしながら，母親が自分の誤解に気づくことに焦点化する（CL7）。
> ③②と同時にクライエントが母親の思いをわかって，転職を考え出した背景を話せることに焦点化する（CL8）。

E 事例のまとめ

(1) カウンセラーの見立て

◆社会的背景から

母親が大人になった息子と冷静に話し合えないこと，母親の20歳代と現在の20歳代の職業環境の違いに気づかず，親としての心配から，自分の価値観を押しつけてしまう傾向。転職を軽く考える若者の傾向などが背景にあると考えられる。

◆クライエント自身から

今回は母親との意見の齟齬に焦点をあてざるをえなかったが，そのおかげで，母親の心配，転職を考えた背景を話せた。

(2) 今後の計画

とりあえず母親の懸念は乗り越えつつあると考えられる。そこで，母親の前で，クライエントがこの機会に将来を考えることは意味があることを提案する。なお，「次回は，クライエントが一人で相談に来ること」を母親の前で約束する。

今回明らかになったのは転職を考えた背景であるが，「転職」に引きつけられた理由や経験があると想定できるので，次回は，転職に引きつけられた状況，転職についての真剣度，今の職場で成長するための行動など，具体的に考えていくことに焦点をあてる。

事例 07 営業を続けていく自信がありません

A 前提

相談環境
企業内のキャリア相談窓口（従業員数300人ほどのIT企業）。月に2日，外部のキャリアコンサルタントが企業内で相談室を開くため来社している。

申込時にクライエントから伝えられた情報
吉田さん，25歳，女性，営業職，入社2年目。相談したいこと：営業は自分に合わないので，会社を辞めることを考えている。

相談の経緯
定時後の相談枠に自主的に面談を申し込んできた。

B 来談当初の状況

場面設定
職場内にある会議室を借りて面談を実施。会議室の場所は人通りの少ないエリアにある。本人は時間どおりに来室した。

入ってきた（会った）ときの様子
2年目にしては落ち着きがあり，営業職らしい身だしなみの整った姿で来室した。

クライエントの最初の発言
入社してもうすぐ丸2年になります。入社したころから営業の仕事は自分にむいていないと思っていたのですが，やはりつらくて，このまま続けていく自信がありません。転職も考えますが，まだ社会人経験が2年にしかならないため，踏み切れません。キャリアの専門家に話を聞いていただき，何かヒントをもらえればと思い相談に来ました。

Let's think
AとBの情報から，あなたはカウンセラーとして
□ どのように話しかけますか？　　□ それはなぜですか？

事例 07　営業を続けていく自信がありません

C　問題を焦点化していくプロセス

	クライエント（CL）とカウンセラー（CO）との対話	カウンセラーの自問自答
CO 1	今はお仕事の合間でしょうか【CL：はい】，それは大変お疲れ様です。相談予約のメールには，営業の仕事はご自分には合わないため，辞めることを考えるとありましたが，入社以来ずっと自分にむいていないと思いながら同じ仕事を続けているのは，さぞかしおつらいことでしょう。今回相談しようと思われたのには，何かきっかけがあったのですか。	2年間我慢してきて，今この時期に相談に来たことには，どういう意味があるのだろうか。会社を辞めたいという言葉にとらわれず，どのような経緯か聞いてみる。
CL 1	そうですね。これといった大きなきっかけはないんですが。3か月ほど前から，1歳下の新人の指導や，採用の手伝いをすることがあって，やっぱり自分は営業に適性がないと痛感して，よりつらくなっているような気がします。	人事の仕事を手伝うというのは，会社からは期待されているように思える。本人の言う「つらさ」は，どこに影響しているのだろうか。メンタルヘルス不調の疑いがないか，確認しておこう。
CO 2	そうですか。人事の仕事を手伝ったことがきっかけなんですね。3か月もつらい状況が続いていると，やる気がなくなるとか，食事とか睡眠がちゃんととれないということはありませんか。	
CL 2	それが，食事は3食しっかり食べられますし，ぐっすり眠れているんです。でも，仕事になると「もうやだー」ってなってしまって，先輩にも愚痴っているんですけど。まぁ，一番社内にいる営業担当なんじゃないでしょうか。	先輩を相手に発散できる関係はつくれているようだ。「一番社内にいる営業担当」という表現をやや卑屈に語る様子が気になる。今のところ情緒的には安定しているようなので，本人の言葉から営業職に適性がないと考える背景に注目する。
CO 3	一番社内にいるというのは，つまり御社のなかで，社内にいる営業担当というのはあまりよくないということですか。あの，やることがあるから社内にいるとも思えたものですから。そのあたりどうなのでしょうか。	
CL 3	たしかに，うちの営業は企画提案型の営業なので，足で稼ぐだけでもないです。ただ，それにしても私は社内にいすぎると思います。[かなり断定的]	やや挑戦的な口調。社内にいるというのは，何を意味するのだろうか。ここは具体的な事実を確認しておく。
CO 4	ちなみに，吉田さんは社内にいて，どんなことをされているんですか。	
CL 4	あ，そうですよね，会社のなかのことまではご存知ないですよね。私は，一社ごとの商談にじっくり関わりたい方なので，どうしても企画書づくりに時間がかかってしまうんです。それで，アポ取りがおろそかになって，結果として社内にいることになっています。	自分の意思で社内にいるようだ。「社内にいすぎる」というネガティブ表現にはどんな思いがあるのか。
CO 5	社内できちんと仕事をされているのであれば，問題ないように感じてしまいますが，やはり「社内にいすぎる」とおっしゃるからには，外出していないとまずいのですね。	

	クライエント（CL）とカウンセラー（CO）との対話	カウンセラーの自問自答
CL 5	毎日の朝会で今日の予定を発表するんですけど，そこでアポの件数を言わないといけないので，それが苦痛です。少ないといろいろ言われますから。やっぱり営業職としては，もっとフットワークが軽くて，顧客企業内に人脈を増やして，キーパーソンとの関係をつくることが得意な人が求められているような気がするのですが，私の場合，それが苦手なんです。つい，自分のやりやすい方法で仕事をしてしまっています。2年目のくせにわがままだと思うんですが。	自分の行動に対する評価を気にしているようだ。 本人のいう営業職のイメージは，ステレオタイプ的ではないかと気になる。求められる営業のイメージに対して，具体的にどのような苦手を感じているのだろうか。
CO 6	会社で求められている営業のスタイルと，吉田さんの営業スタイルが食い違っているということなのですね。会社が求めている営業スタイルのどういうところが特に苦手と思われるのですか。	
CL 6	なんか，グイグイ入り込んでいく感じが，性に合わないというか，社外の人間にそんなに社内に入り込まれたら，顧客も迷惑じゃないかとか思ってしまうんです。顧客が困っていることに対して，最適な提案をすればよいなんて思ってしまって。生意気ですよね……。たぶん，数字に執着がないんです。これまでは数字に対して，ギリギリ100％かちょっと下回るという期ばかりです。これが根本的に営業にむいていないと思う理由です。	やや思い込みの強さを感じる。数字への執着のないことは，根本的に営業職にむいていないと言えるほどの理由になるのか。対決的になるが，多く語り始めていて，言いたいことがあるかもしれないため，あえて確認する。
CO 7	いろいろとご自身のことを分析されてきたのですね。お伺いしていると，数字に執着がないと，営業として続けるのは難しいとお考えのように聞こえますが，そういうものなのでしょうか。	
CL 7	やっぱり，営業である以上，数字を上げてこそ，じゃないですか。そうでなければ評価されませんよね。数字を上げられない人が営業を続けていても，会社にとって損失じゃないですか。［語気が強まる］	数字の話になってかなり感情があらわになってきた。数字が上がらないことから，自信をなくしているという可能性もある。自身の行動が客観的にどのように見られる可能性があるかを例示して，思い込みでなく，現実的に仕事ぶりを振り返ることに焦点をあてる。
CO 8	お気を悪くされたらごめんなさい。お話を伺っていて，2年目でご自身なりに企画書を作成して，吉田さんが頑張っておられる様子が伝わってきたんです。今そのスタイルで，数字を全然上げられていないとすれば，営業職としてむいているかどうかを考える必要があると思いますが，吉田さんの場合，数字はギリギリという状況ですね。	
CL 8	はい，まあ実際にはそうです。	
CO 9	そうなると，吉田さんご自身がどう思っているかは別にして，周囲から見てむいていないと判断されるほどではないのでは，と思ったのです。むしろ，頑張って企画書を自力でつくっている熱心な営業担当と見えているかもしれません。	

事例07　営業を続けていく自信がありません

クライエント（CL）とカウンセラー（CO）との対話	カウンセラーの自問自答
CL 9：周りから、と言われると……。[沈黙] 確かに，数字が上がるときもあります。でも，毎期ギリギリで，自分のなかでこれ以上無理，というくらい頑張って出した数字です。これ以上頑張れない仕事で，努力を続けていっても，いつか結果を出せなくなって，「ダメな社員」という烙印を押されるんじゃないかって。だったら，自分に合った仕事の方が，結果を出しやすいんじゃないかって，思ったんです。	営業を続けることのつらさが，評価されなくなる不安から来ていることが語られた。メンタルヘルス不調にまでは至らないが，かなり精神的に追い詰められているようだ。これ以上つらい努力を続けたくないという思いを感じ，これまでの努力を認める。
CO 10：営業は結果が数字ではっきり表れる仕事ですから，相当なプレッシャーがおありなのでしょう。でも，その苦手な仕事で，しっかりとこれまで仕事を続けて来られたというのは，本当に努力されてきたのですね。	
CL 10：むいていないから，人より苦労はしたと思います。でも，その苦労は自分のやりたい方向に向けたい，と最近思うようになって，しかも求められている人材に合っていないから，もう限界かな，って思うんです。	努力することに疲れてしまっている様子が伺える。適性があればつらくない，結果を出せるという思い込みがある。気になるが，この点は取り上げず，まずは現実に目を向けられるようになることに焦点をあてる。
CO 10：これまでのお話から，営業職に求められていることがわかったことがきっかけで，ますます営業にむいていないと思うようになり，このままでは評価されなくなるのでは，という不安を感じていらっしゃるように伺いました。でもまだ「ダメ社員」と評価されているわけではない，ということですね。そして，自分に合った仕事であれば，結果を出せるに違いないと。	
CL 11：自分がどう評価されているかは，正直わかりません。上司からは，アポ件数の少なさは指摘されますが，企画書は褒められるので，今はまだダメ社員にはなっていないとは思います。それに，そもそも，自分に合った仕事が何か，さっぱりわかりません。	現実に目を向け始めている。つっかかるような口調がなくなっている。情緒的に波があるかもしれない。営業スタイルについての捉え方を広げるために，日常でできることを提案する。
CO 11：お話を伺っていると，周囲からの評価というよりは，吉田さんご自身が，自分の営業スタイルではだめだ，認められないと評価してしまっているように聞こえます。例えば，吉田さんに似た営業スタイルの先輩は周囲にいらっしゃいますか。	
CL 12：課が違うので接点はないのですが，いつも私みたいに社内にいる先輩がいます。	2年目という経験から，より多くの営業担当から学ぶことの重要性をアドバイスする。

	クライエント (CL) とカウンセラー (CO) との対話	カウンセラーの自問自答
CO 12	よかったら，お話を聞いてみてはいかがでしょうか。同じような悩みをもっておられるかもしれません。その方のお話を聞くことで，営業職での成果の出し方のヒントをもらえるかもしれないですよ。今，具体的に考えている転職先の選択肢がないのであれば，もうしばらく今の仕事で経験を重ねることが下積みになっていくようにも思えます。他課の先輩の話を聞いて，どのように感じたかについて，またお話しませんか。1か月後くらいではいかがでしょうか。	
CL 13	はい，ぜひお願いします。今まで一人で悩みすぎていたような気がします。もう少しいろいろな人の話を聞いた方がよさそうですね。	

Let's think

上記のプロセスを読んで，考えてみましょう。

□まず対話のみを読んで，あなただったらどのようなクライエント像を描きますか？

□カウンセラーの自問自答を読んで，カウンセラーの発言の意図を確認してみましょう。

□あなただったら，何に焦点をあてて，どのように見立てますか？

事例07 営業を続けていく自信がありません

D　カウンセラーの仮説

（1）全体方針（カウンセラーとしての行動方針，留意事項含）

「会社を辞めることを考えている」と言いながらも，相談に来ているという状況から，あまりその言葉にとらわれず，辞めたいと思う背景にある考え，気持ちを整理することを意識した。来談当初の様子から，2年目の営業職にしては，落ち着きすぎている雰囲気が気になったので，メンタルヘルス不調でないかどうかを確認した。十分に論理的な対話ができる状態だったので，確認後は本人に考えをより多く語ってもらえるよう関わることにした。

（2）考えられる問題の可能性（相談冒頭から焦点化のプロセスを経て出た仮説）

①理想的な営業職のイメージが固定的で偏っており，しかもそれが自分の営業スタイルとかけ離れていることから，自信を失っている。
②この先営業職として成果を出していくことに対する不安がある。
③営業職としての適性の有無についての判断が主観に偏っている。
④現状のつらさや今後への不安の理由を「営業職の適性がないせいだ」と決めつけ，どんな仕事も最初はつらいという現実的な判断ができなくなっている。

（3）問題を焦点化していくうえでのポイント

①営業職の適性に対する思い込みに対する問いかけ（CO7）。
②適性の有無の判断における，客観的な視点の確認（CO8）。

E 事例のまとめ

(1) カウンセラーの見立て

◆**社会的背景から**

中途採用の一般化や転職サイトの充実から,適職を求めて離転職を考えることへの抵抗感が低下している。そのような世間の風潮の影響を受けていると思われる。また,望ましい営業職のステレオタイプにとらわれているが,ビジネスモデルや商慣行の変化が激しい現在において,必ずしもこれまでの営業スタイルにこだわる必要はないかもしれない。

◆**クライエント自身から**

この先成果を出せなくなっていくかもしれない不安の原因を,営業職としての適性のなさに帰属し,他の適性のある仕事につけば成果を上げられるという考えにとらわれていた。さらに,自らの営業適性に対する評価も主観的であり,これらの思い込みを減らし,現実に目を向けさせる必要があると判断した。そこで,営業職として成果を上げるアプローチは多様であり,特定のスタイルだけが有効ではないかもしれない可能性に気づいてもらえるよう,周囲の先輩社員への情報収集を提案した。適性論へのとらわれについても取り上げる必要を感じるが,この点はより現実的なものの捉え方ができるようになってから取り上げる方がよいと判断し,次回以降のテーマとしたい。

(2) 今後の計画

他課の先輩の話を聞いた結果を次回の面接時に話してもらう。その際,カウンセラーは,クライエントが先輩の話を聞いた経験と,その内容に対してどのように感じているかに注目して,話を聞くようにする。特にクライエントの営業職に対する視点の広がりの有無,先輩に対する感情,適性についてのこだわりについての視野の広がりなどを確認するような対話を行うように気をつける。そうすることで,適性論についての説明が意味をもつか,それ以外の課題(例えば職場適応,人間関係の問題など)があるかどうかを見立てて,その後のクライエントへの援助の方針を立てることができると考える。

事例07 営業を続けていく自信がありません

F 本事例の全体像

■考えられる問題の可能性
❶自信の喪失（理想の営業職と自分との乖離）
❷営業職としての将来への不安
❸営業職への適性有無が主観に偏っている
❹現状のつらさと今後の不安から，現実的な判断ができなくなっている

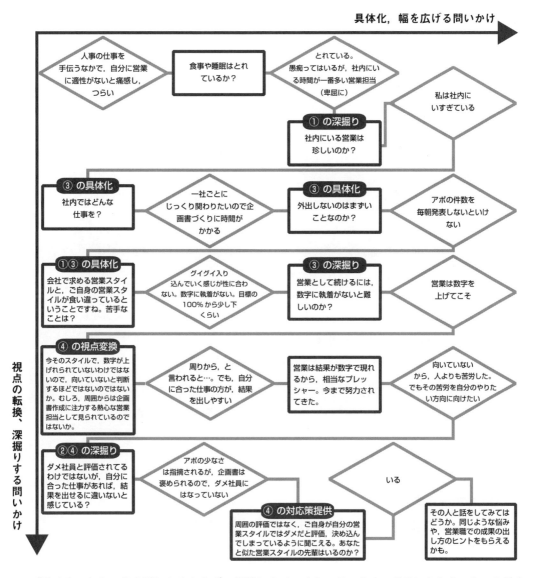

✓「辞めたい」という主訴にとらわれず，相談に来ているということを，どうにかしたいという前向きな状況とも捉えなおし，気持ちと考えを整理していくことに注力した。

事例 08 海外留学はしたけれど

A 前提

相談環境
大学同窓会組織が提供する相談室。

申込時にクライエントから伝えられた情報
佐々木さん，26歳，女性，派遣社員。相談したいこと：英語を身につけるために数年間海外留学して帰国し，今は派遣社員として働いているが，今後のキャリアの展望が見えない。

相談の経緯
大学同窓会組織に卒業生にも開かれた相談室ができたことを知ったので，予約した。

B 来談当初の状況

場面設定
大学内にできたカウンセリングルームに，予約時間どおりに来所。

入ってきた（会った）ときの様子
少し不安気で緊張した様子で，まだ大学生のような雰囲気があった。

クライエントの最初の発言
この大学の卒業生に開かれた相談室ができたと聞いて，思い切って来させていただきましたが，こういうの初めてなので，ちょっと緊張しています。

Let's think
AとBの情報から，あなたはカウンセラーとして
□どのように話しかけますか？　　□それはなぜですか？

事例 08　海外留学はしたけれど

C　問題を焦点化していくプロセス

	クライエント（CL）とカウンセラー（CO）との対話	カウンセラーの自問自答
CO 1	佐々木さん，ようこそ来てくださいました。同窓会組織が新しく始めたサービスなので，ぜひご利用くださいね。相談票は拝見しましたが，まず大学時代から今までのことを，少し説明してくださいますか。	新しいサービスをすぐに利用できる積極性のある卒業生だが，少し緊張気味な様子。親しみやすく話しやすい雰囲気づくりを心がけて，自分の言葉で来談理由を説明してもらおう。
CL 1	はい。この大学がグローバル人材を育てる英語教育に力を入れていたので，私も英語を話せるようになりたいなーと思って，大学時代にアルバイトをしてお金をためて，卒業してすぐにカナダの語学学校に留学したんです。カナダでもアルバイトをしながら3年間ぐらい生活して，かなり英語を話せるようになって，半年前に帰国しました。今はとりあえず派遣で働いているのですが，この先の目標が見つからないというか，何となく行き詰まりを感じているんです。	自分のことをきちんと話すことができる学生。ある程度はきはきと話せている様子なので，現在の行き詰まり感をもっと説明してもらう必要はないと判断。まず，CL自身がこれまでの努力で達成できたことに改めて目を向けられるようになる方がよいと考える。
CO 2	自分でお金をためて3年間も留学されたなんて，すごいですね。英語を話せるようになるというひとつの目標を達成されたことは素晴らしいと思います。それで，今は英語が話せる自分になれたことをどのように感じていらっしゃいますか。	
CL 2	大学時代は，とにかく英語が話せるようになりたい，私も留学したいという夢をもっていたんです。その夢を実現してから結婚して，なんてぼんやり考えていたので，英語で何をしたいとまでは考えていませんでした。でも当分，結婚の予定もないし，派遣先でも私程度の英語力のある人はまわりにたくさんいるし。結局，英語で何をしたいのかという面が私には足りなかったような気がします。	「英語で何をしたいのか」考えてこなかったことに気づいて焦りを感じ，自分に足りない面ばかりに目が行っているようだ。その感情は受けとめるに留め，これまで成長してきた自分にCLが気づくことができるように努める。
CO 3	そうかもしれませんが，英語というコミュニケーションのツールを身につけ，留学を通して視野を広げたことによって，それ以前の自分からは成長できたとは思われませんか。	
CL 3	もちろんです。でも，日常生活のための英語が話せても，何も特別な知識や技術がないとだめなんだと，今になってようやく気がつきました。英語さえできれば，グローバル人材に私もなれるんだって思っていた私って，今思うと浅はかだったのかもしれません。	現在，以前気づけなかったことに気づける環境にいるようだ。それが成長の証でもあることを指摘して，少しずつ前向きな気持ちを引き出したい。
CO 4	以前気づけなかったことに今気づくというのは，成長の証でもあると思いますよ。	

	クライエント（CL）とカウンセラー（CO）との対話	カウンセラーの自問自答
CL 4	そうでしょうか。でも，英語だけ話せてもだめって今頃気づいた私は，これからどうしたらよいのでしょう。20代も半ばを過ぎて，いつまでも親に経済的に頼るわけにはいかないので，とりあえず派遣会社から紹介された仕事をやっているだけでよいのでしょうか。今はイベント会社で働いていて，それなりに楽しいけど，英語を毎日使うわけじゃないので，なんとなく焦りを感じるんです。	まだ英語ばかりに目が行き，焦りと将来への漠然とした不安にとらわれているようだ。視点を切り替えるために，今やっている仕事の内容について，もっと話してもらおう。
CO 5	現在は具体的にどんなお仕事をされているんですか。	
CL 5	国際会議などのイベントでの案内係とか，運営を担当される職員さんのアシスタントとか，様々なイベントに派遣されて，その時々，言われたことをやっているだけなんです。その場では結構楽しいこともあるけど，英語が必要ではない現場も多いし，行き当たりばったりでこなしているだけのような気がすることもあります。	「言われたことをやっているだけ」とか「行き当たりばったり」という言葉から，目標をもって主体的に働きたい気持ちが感じられる。現状でも様々なことを実は新たに学んでいることに気づいてほしい。
CO 6	それでも，今の仕事から，日々何か新たに学んでいると感じられることはありませんか。	
CL 6	職場でのマナーとか，仕事上の人間関係とか，依頼された業務の進め方とか，何か学んでいるかと言われれば，そうかもしれません。	仕事をするなかで学べる様々な事柄に目が向いてきた。ここから，自分の未知の可能性への探索へと視野をさらに広げる。
CO 7	仕事をするなかで学び，身につけることができるスキルって，いろいろありますよね。まだ20代後半になったばかりですから，どんな仕事からも学ぼうという気持ちさえあれば，自分の中の未知の可能性に出会えるかもしれませんよ。	
CL 7	自分の中の未知の可能性か……。これまでは英語を使うことばかりに気をとられていて，仕事もただやっているだけだったから，そんな風に考えていませんでした。	CL自身が未知の可能性に目を向け始めたので，職場での具体的な経験を振り返ってみよう。
CO 8	例えば派遣先での仕事で，わりと他の人たちより自分の方がうまくできるとか，あまり苦にならないことってありませんか？	
CL 8	そう言われれば，派遣先での人間関係で苦労している子が多いけど，私は人見知りしないというか，誰とでもそれなりにうまくやっている方だと思います。	CLが自分の強みのひとつに気づいたこのタイミングを捉えて，少し対決的なニュアンスを含むCO側からの意見を述べて，仕事に取り組む姿勢に目を向けてもらう。
CO 9	それってすごいことですよ。[CL：表情がぱっと輝く] 与えられた仕事でも，主体的な気持ちで，自分なりに創意工夫しながら取り組んでみると，自分が得意なこと苦手なこと，興味がもてることなどがわかってきて，次の一歩をどちらに踏み出すかが見えてくるのではないでしょうか。	
CL 9	でも，与えられる仕事を待っているだけでよいのでしょうか。	主体的な気持ちが出て来たので，その気持ちを後押しする。

	クライエント（CL）とカウンセラー（CO）との対話	カウンセラーの自問自答
CO 10	もちろん，自分で少しでも興味を感じることがあれば，手を挙げてやってみるとよいと思います。何でもやってみないとわからないものですよね。社会で他の人たちと共に働いてみて，自分が何に役立つのかが，だんだんわかってくるものなのではないかしら。	
CL 10	そういう考え方ができれば，今，方向性が定まらないからといって焦らなくてもいいような気がしてきました。	前向きな気持ちが出て来たので，これまでの努力を認め，前向きになった気持ちをさらに後押しする。
CO 11	これまで努力して身につけられた英語は必ず何らかの形で役立っていくはずです。	
CL 11	ありがとうございました。明日からは，意識のもち方を変えて，自分の中の未知の可能性を探りながら仕事に取り組んでみます。なんだかやる気がわいてきました。	これからの成長を期待している気持ちを伝えて，送り出そう。
CO 12	私も佐々木さんのこれからが楽しみです。応援していますから，また何かあればご相談にいらしてくださいね。	
CL 12	今日は思い切って相談に来てよかったです。どうもありがとうございました。	

Let's think

上記のプロセスを読んで，考えてみましょう。

☐まず対話のみを読んで，あなただったらどのようなクライエント像を描きますか？

☐カウンセラーの自問自答を読んで，カウンセラーの発言の意図を確認してみましょう。

☐あなただったら，何に焦点をあてて，どのように見立てますか？

D　カウンセラーの仮説

(1) 全体方針（カウンセラーとしての行動方針，留意事項含）

　大学生の頃から英語を話せるようになることを目標としていたものの，英語を使って何をしたいのかを考えてこなかったために，行き詰まっている。これまでのクライエントの努力を肯定することで前向きな気持ちを高め，日々従事している仕事から学びつつ新たな自分の可能性を見出せるように促す。

(2) 考えられる問題の可能性（相談冒頭から焦点化のプロセスを経て出た仮説）

①努力して英語を話せるようになったので，今も英語を使うことばかりにとらわれているのではないか。
②英語だけではだめだと気づいてしまったがゆえに焦っているのではないか。
③焦りの気持ちが先に立ち，次の目標も定まっていないので，今の仕事に主体的に従事できていないのではないか。

(3) 問題を焦点化していくうえでのポイント

①現在の行き詰まり感に焦点をあてるのではなく，これまでのクライエントの成長を認めて，前向きな気持ちの土台をつくる（CO2-4）。
②今の仕事について自分の言葉で語ってもらいながら，クライエントの成長や強みに目を向けていく（CO5-8）。
③日々の仕事を通じて自分の可能性を探索できることへの気づきを土台として，受け身から主体的な姿勢への転換をはかる（CO9-11）。

E 事例のまとめ

(1) カウンセラーの見立て

◆社会的背景から

近年，グローバルという言葉がもてはやされ，多くの大学にこの言葉を冠した学部が創設されている。また，とにかく「英語を身につける」ために英語圏に留学する若者も多い。このような世の中のはやりの影響を受けて，なんとなく海外留学する若者も少なくない。しかし，社会の一員として自分は何を担っていくのについての考えがあいまいなままだと，とりあえずアルバイトや派遣社員として働いているうちに20代後半から30代へと年を重ねてしまう傾向がみられる。

◆クライエント自身から

学校の教育方針にそってまじめに努力してきたものの，英語で何をするのかを考えてこなかったために行き詰まっている。英会話ができるだけでは足りないと自分で気づき焦っているクライエントには，もっと仕事を通じて能力を発揮したいという気持ちがあることがわかる。そこで，具体的な職業について考えるのではなく，まずこれからの方向を見出すために，日々の仕事に取り組む姿勢を振り返ることを通して，クライエントの視野を広げることを優先させた。大学時代の教育方針にそって英語を身につける努力をした素直さがあり，自分で相談に来るほどの積極性があるので，視野を広げる手助けをしたうえで背中を押してあげれば十分だろう。

(2) 今後の計画

この1回の面談で完了した。

事例 09 成長している実感がつかめない

A　前提

相談環境
IT系コンサルティング会社の社内に設置されたキャリア支援室。

申込時にクライエントから伝えられた情報
松本さん，26歳，男性，システムエンジニア。相談したいこと：プロジェクトメンバーとして従事しているが，成長している実感がつかめない。

相談の経緯
非常勤のキャリアカウンセラーとして勤務しているカウンセラーのもとへ，クライエントから相談予約の申し込みが社内SNS（ソーシャルネットワーキングサービス）を通じて舞い込んだ。カウンセラーとクライエントは3年前にカウンセラーが担当したスキル研修の参加者で，その前後からの顔見知り。これまでオフィスでの立ち話や雑談などはあったものの，キャリア相談という形での別室個別相談は初めての機会であった。

B　来談当初の状況

場面設定
社内の小会議室（カウンセラーが予約）。平日の午前中早め，仕事先に駐在中のプロジェクトに行く前にちょっと会社に寄ってきますと言えるような時間帯に来談。

入ってきた（会った）ときの様子
会議室に入ってきたときのクライエントはそれほど疲弊した感じでもなく，まるで定期健診でも受けにきたかのような落ち着きぶり。ただ，わざわざ進行中のプロジェクトをぬけて会社に戻ってきただけに，「何かを話したい」という雰囲気は漂っていた。

クライエントの最初の発言
1年前にスタートして現在も継続中のプロジェクトのことですが，自分が担当しているタスクが結構大変で，日々何かに追われっぱなしです。最近はただただ仕事をこなしているだけの状況が続いていて，社内の研修にも参加できない状況です。それで，最近はどうも成長している実感がつかめずに閉塞感が漂っています。こんな自分でいいのでしょうか？

事例09 成長している実感がつかめない

C 問題を焦点化していくプロセス

クライエント（CL）とカウンセラー（CO）との対話	カウンセラーの自問自答
CO 1 松本さん，「成長している実感がつかめずに閉塞感が漂っている」ということですが，その感覚はどんな経験から出てきたものでしょうか？	CLが「成長している実感」をどう理解しているのかをCL自身の経験という切り口から確認をしてみる。
CL 1 ただただ朝から晩まで働かされているという気持ちのまま，日々を過ごしているということから感じています。だから何も学べていないのではないかと……。	CLにとっては「学ぶ」ということが成長の実感に必要な要素のようだ。確かに冒頭でも「研修に参加できていない」とも言っていた。ただ，研修だけのことを言っているわけではないと思うので，もう少し「学び」の意味合いについて掘り下げながら，CLが来談した狙い・背景を探ってみる。
CO 2 仕事に追われて，ただただ日々が過ぎ去っていくことに「学び」の要素が見出せないということのようですね。今回，初めてこうやって相談にいらしたのは，何か今の仕事の状況とか見方などを変えたいという気持ちがあったからでしょうか？	
CL 2 新入社員時代から研修などでお世話になっているので，よくおわかりだと思うのですが，ボクらの会社の仕事って，客先にIT製品を導入することがメインじゃないですか。なのに，この間，同期と久々に飲みにいったら，他のメンバーは第一線でその仕事をしていて，製品の仕様の隅々まで熟知してきている感じなんですよ。でも，自分の担当はそういう仕事ではなく，客先に常駐しているとは言っても，プロジェクトマネジメントオフィス[1]の担当で，日々，雑務に追われている感じなんです。なので，プロジェクトがソリューション（テーマ）として扱っているIT製品の専門領域の知識や技術を勉強している余裕はないのです。	CLにとっての「学び」の焦点は，対象が明確な知識や技術をインプットしていくことにあてられているようだ。確かにこの会社ではCLの同期のメンバーみたいな育てられ方が主流であり，学ぶ機会を逸してしまっていると感じているのだということは理解できる。ちょっと焦りもあるのだろうか，感情について触れてみよう。
CO 3 同期とは担当している仕事の種類が異なっているし，知識や技術の面で後れをとっているようでちょっと焦りを感じているということでしょうか。	
CL 3 そうですね。確かに焦ってはいますね。同期は担当しているIT製品の外部研修も受講できて，資格（サティフィケーション）も取得し，専門性をどんどん発揮していますからね。	研修や資格といった目に見える（わかりやすい）ことに充実している同期に比べて，CLの今の仕事は意味づけの難しいものなのかもしれない。プロジェクトマネジメントオフィスの仕事について，もう少し掘り下げていくことを通じて，CLが「大事にしていること」を確認してみよう。
CO 4 なるほど……。松本さんにとって「専門性の発揮」というのはとても大事なことなのですね。今のプロジェクトマネジメントオフィスの仕事はその観点で見るとどうなのでしょうか？	

---

[1] ここではプロジェクト管理の事務的なサポートを行うチームという意味で松本さんは表現している。

	クライエント（CL）とカウンセラー（CO）との対話	カウンセラーの自問自答
CL 4	うーん。あまり専門性という言葉が適当でない仕事の担当なので，どうでしょうか……。やっていることといえば，プロジェクトの現場でのお客さんのメンバーとの会議の段取りとか，自社の後輩メンバーとの業務の割り振りや進捗の管理，ちょっとしたアドバイスだとか……，そういうことばかりなのです。さすがに1年やっているので，だいぶ慣れてはきたのですが。ちょっと同期と同じような「専門性の発揮」とは言いづらいですよね。	CL本人は，プロジェクト管理のサポート（＝雑務）みたいな意味合いで自分の仕事を捉えているようだが，この経験年数からしたら，決して雑務とはいえないような役割もこなしているように見える。キャリアパスという観点から考えると，いずれプロジェクト現場のマネジャー（管理職）を担当するようになるので，その基礎をしっかりと生の現場で学んでいるように解釈することもできるが，その点を冒頭でCLが言っていた「成長している実感」の観点からどう考えているのかを探ってみる。
CO 5	あながちそうとも言えない気もするのですが……。今のプロジェクトマネジメントオフィスの仕事，だいぶこなせるようになってきたのですよね。[CL：しっかりと頷く] 改めて，冒頭でお話のあった「成長している実感」という観点で今の仕事の状況を整理してみませんか？	
CL 5	うーむ。自分の仕事は専門的な職種だと思っています。なので，成長するということは，今，向き合っている仕事で必要な専門領域の知識，技術を習得し，蓄積していくことだと思っています。だから，導入しているIT製品の資格の取得はとても大事ことなのです。でも，今の仕事では，直接的にその製品の導入を担当しているわけでもなく，外部研修に行かせてもらっているわけでもないので，ただただ時間だけが過ぎていく気がしてなりません。自分が20代後半にさしかかっていることを考えると，専門もなくちょっと焦ってもきているのです。	確かにこの会社におけるこの時期の主流の育てられ方ではないかもしれないが，中長期的なキャリアパスのことを考えると昇進してマネジメントの仕事を担当するようになるので，同期のことが気になるのはわかるが，今の段階では，担当した仕事で有意義な経験をして，自分なりの専門性を積み上げていくという捉え方をしてもいいのではないだろうか。「今の仕事＝専門」という捉え方の修正（拡大）が可能かどうかを探ってみる。
CO 6	確かに焦りも感じますよね。ここで，もう少し大きく構えて考えてみたいのですがよろしいですか？[CL：ゆっくりと頷く] 例えば，松本さんが大事だと思っている専門性を発揮するためには，もちろん製品の知識や導入技術は不可欠だと思いますが，それ以外に質の高い仕事を進めるために必要な要素というのはどういったことが考えられますか？	
CL 6	先ほどもちょっとお話ししましたが，今の自分の仕事で言うと，プロジェクト現場でのお客さんとの協働作業の段取りとか，人間関係を円滑にするとか，状況を見ながら自社メンバーとの業務分担を調整するとか，必要に応じて後輩のフォローをするとか，これらは製品導入以前の問題ですが，とても重要な要素だと思います。が，それは専門的なものではないですよ。	やはり「今の仕事は専門的なものではない」と捉えているようだ。キャリアパスを共有して，専門性の概念の拡大を試みる。
CO 7	この会社の場合，松本さんの先輩の仕事を見ていると，松本さんもあと数年，頑張れば，現場でプロジェクトマネジャーの役割をやるようになりますよね。マネジャーの仕事って，松本さんからみたら，専門性，高くないでしょうか？	

事例 09　成長している実感がつかめない

	クライエント（CL）とカウンセラー（CO）との対話	カウンセラーの自問自答
CL 7	[何かに気づいた表情だが，首を横に振りながら] そういう捉え方をしたことがありませんでした。今の仕事はマネジャーの専門性の基礎部分みたいなものだということなんですね……。[CO：頷く] ですが，専門性の基礎部分だとは言っても，今の自分にとっては，自分のことだけで精一杯の状況でなかなか上手にできていなくて，正直，荷が重いのです。	専門性についての意味づけの修正はできたようだが，今の仕事に必要な要素自体は，CL自身がまだ「強み」とは認識していないようだ。ここは，それを身につけたプロセスを掘り起こすことで，何らかの気づきが得られないだろうか。
CO 8	とはいえ，お話を聴いていると，そこの部分は苦労しながらなんとかこなされているように見えます。プロジェクトが始まった時点から現在までの1年間で，どうやって身につけたと思われますか？	
CL 8	（しばらく無言の末）振返ってみると，ここ1年の現場での試行錯誤で苦しみながら自然に身についたものではないでしょうか？　結構，大変なプロジェクトでして，誰も教えてくれない状況のなか，何とか仕事を回さなくてはならないという使命感から，小さな失敗を繰り返して，時折，マネジャーやお客さんに叱られながら，ここまでもってきたのだと思います。実は昨日もかなりひどく叱られてしまい，面談を申し込んだ次第です。	面談を予約してくれた伏線は焦りであったろうが，直接のきっかけは叱られたことだということが理解できた。 まさに，このことこそ，CLが実感できていない「学び」であり，「成長」であると言えるので，これを足場に「経験から学習すること」について共有し，より広い視野で現場が見られるようになってほしい。
CO 9	いろいろと大変な1年間でしたね。私には，その苦しんだプロセスが学習なんだなと思えますし，ご自分が専門だと思っていないスキルも，私にとっては立派な専門性であるようにも思えますが，いかがでしょうか。現に新しくメンバーとして増えた後輩のフォローやアドバイスという新しい役割がまだ少々荷が重くてもできるようになってきたということも自ら学習していくことによって成長してきた証しとも言えるのではないでしょうか？	
CL 9	なんだか，ありがとうございます。ちょっと元気が出てきました。現場に戻ったら，いろんな物事が学習の素材に見えてくると思います。今の仕事をしっかりやることが「自分の専門性」なんですね。このプロジェクトが終わったら，もちろん製品の勉強もやって，できることの幅を広げていきたいと思います。	

Let's think

上記のプロセスを読んで，考えてみましょう。
□まず対話のみを読んで，あなただったらどのようなクライエント像を描きますか？
□カウンセラーの自問自答を読んで，カウンセラーの発言の意図を確認してみましょう。
□あなただったら，何に焦点をあてて，どのように見立てますか？

D　カウンセラーの仮説

(1) 全体方針（カウンセラーとしての行動方針，留意事項含）

　プロジェクトという形態（客先に常駐して仕事をする形態）において，疎外感や顧客以外のメンバーと何か話をしたいという感覚は時々，起きうることではあるが，面談予約をしてくるのはよほどのことでもあるのかもしれないので，話しやすい環境づくりを心がけるということを行動の方針とした。
⇒朝の早い時間帯にわざわざ客先に直接行かず，面談予約をしてくれたということの意味を考えながら，まずは聞いてみよう。

(2) 考えられる問題の可能性（相談冒頭から焦点化のプロセスを経て出た仮説）

① 「成長している実感」の意味合いがわからなくなっている。
② 成長を実感できなくさせている状況が漠然としていて混乱している。
③ 仕事を抜けだして来るほど，精神的な疲労がたまっているか，理想と現実の乖離に焦りを感じている。
④ 30歳を前にして，キャリア発達の過程で発生する組織・チーム内の役割トランジションに遭遇し，キャリアの転機と対峙している（自身のキャリアアンカーを見つけようとしている）。

(3) 問題を焦点化していくうえでのポイント

① 「成長している実感」をクライエントがどう捉えているかについての確認（CO1, CO5）。
② 「学ぶ」をクライエントがどう捉えているかの確認（CO2）。
③ 同期メンバーとの比較からくる「焦り」の感情に焦点をあて，クライエントが大事にしていることへのアプローチを試みる（CO3, 4）。
④ クライエントが担当する仕事の棚卸しを通じて，「専門性」の意味の拡大を試みる（CO6, 7）。
⑤ クライエント自身ができていることに焦点をあてて，それを身につけたプロセスを掘り起こす（CO8）。
⑥ 「成長の実感」，「専門性」の再定義を提案する（CO9）。

E 事例のまとめ

(1) カウンセラーの見立て

◆社会的背景から

IT系のコンサルティング・プロジェクトという現場は，直面しているITソリューション（製品）に関する知識や技術こそが，専門スキルそのものだと捉えてしまいがちな業界の慣習，時代背景が存在すること（資格の罠：資格＝仕事ができるという先入観，案件提案に有利な資格保有者に対する会社のスタンス）。

また，クライエントの所属する会社が参画しているプロジェクトは同社が元請けという立ち位置ではなく，下請けという立場であること，同社は慢性的に下請けとしての参画が常態化しているという経緯から，ITソリューションの導入知識・技術こそが専門領域たるもの，付加価値の源泉たるものという価値判断が根強く存在しているという理解をしていたこと。

◆クライエント自身から

入社直後の発達課題である仕事や組織にいったん適応した後にくる「20代後半の発達課題」は，今後，さらに増えていく仕事や重たくなっている役割のなかで，いっぱいいっぱいになりながら，自己の成長の機会を探索するというものであるが，そうした環境の下で，「現場における仕事経験のなかから学習する」という視界が欠けてしまうと（気づかずにいると），現場といわゆる研修（学習）機会とを切り離してしまいがちになり，ただただ「やらされ感」に苛まれ，疲弊していくということ。

(2) 今後の計画

クライエントが抱いていた成長・学び・専門性に関する違和感はうすらいできたので，忙しいなかで来談したクライエントの時間的な余裕と意思を確認したうえで，「経験学習」という考え方と仕事に必要なスキル・知識の体系（例えば，汎用的なスキルと業種・職種固有のスキルという区分の仕方など），学べる機会（日々の振返り）の重要性に関する情報の提供をしていく。

また，ストレスフルなプロジェクトの現場であるという状況ゆえ，今後も何らかの違和感や心配事が発生した際には，援助資源としてのキャリア支援室を気軽に活用してもらえるように，利用の心理的ハードルを下げておく。

F 本事例の全体像

■考えられる問題の可能性
❶成長実感の意味がわからない（意味の再構築が必要である）
❷現在の状況認識が混乱している
❸精神的な疲労と焦りが強くなっている
❹キャリアの転機に遭遇している

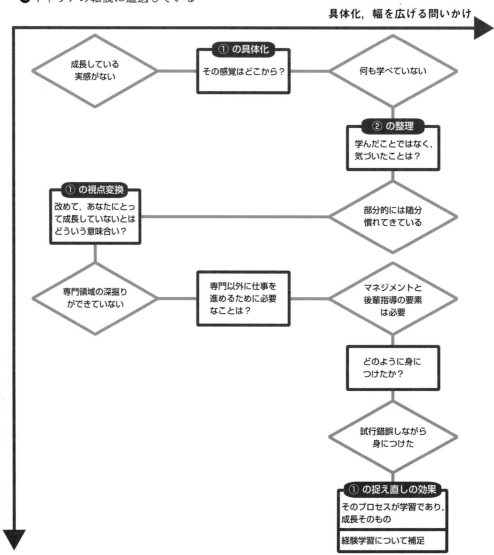

✓ 考えられる問題の可能性を本人の主訴に沿う順序で，発する言葉の意味を丁寧に具体化していった。
✓ キャリアカウンセラーとして「職業人の発達プロセス（トランジション）」「経験学習」について理解していたことと，企業内カウンセラーとして「仕事の内容を理解できていたこと」で，問題の具体化と視点の転換が促進できた。

コラム③　経験学習の考え方

　事例09のE（2）の「今後の計画」に「経験学習」という言葉が出てきました。仕事の現場経験から学習を進めていくという概念は日本の産業界では古くからOJTという言葉が存在していましたが，ここでは，比較的新しい考え方として，「ロミンガーの経験則」と「コルブの経験学習モデル」について紹介しておきましょう。

1）ロミンガーの経験則

　社内外で「研修」といった機会があったとしても，そこに参加するだけで即座に何かが学べるのかというと，実態はそうではありません。能力開発やリーダーシップ開発の実証研究からみていくと，働く人々の成長の機会を提供する場になりうるのは，最も時間を費やす「現場での仕事」であるといわれています。

　神戸大学の金井壽宏教授によれば，アメリカでは「7-2-1」というロミンガーの経験則という言葉をどこでも耳にするそうです。この「7-2-1」という比率は，リーダーシップの研修・研究機関であるロミンガー社の調査から出てきた数字ですが，実際に経営幹部として優れたリーダーシップを発揮できるようになった人々に，そこに至るまでのどのような具体的出来事が有益であったかを尋ねたら，仕事上の経験が7割，実際にリーダーシップを発揮している人（上司や顧客，取引先の経営者）を通じての薫陶が2割，研修や読書などの座学が占めるウェートはせいぜい1割程度であったというところからきています。

　これは海外だけの話ではなく，人が成長してきたと感じる瞬間は，研修という出来事よりも圧倒的に仕事の現場での経験や薫陶をうける人々とのやりとりであることが多いと筆者の経験からも実感できます。

2）コルブの経験学習モデル

　アメリカの研究者コルブ（Kolb, 1984）は，いわゆるOJT（on-the-job training）は実際の現場での経験を通じた教育であり，働く人々が職場での経験を意味づけしていくことから知識を創出していくという学習プロセスのことを「経験学習モデル」として提示しています。このモデルは，仕事をただこなしている人は，単に経験したことで立ち止まっていて「学んでいる・成長している実感」がない傾向にあるので，その経験を時々振り返るということが重要であると強調しています。経験を振り返り，今後の自分に役立つ「何か」を見つけて，さらに試していける人は，成長の実感がもてるということになるのです。単に仕事をこなすだけで終りにしないということがカギのようです。

　仕事現場での経験からの学習は，形式知（言語化，視覚化された知識）にしにくいものの，現場での習熟を要する仕事の能力・技術・取組み姿勢などの学習に適していると言われます。この学習を「経験に基づく継続的なプロセス」であると捉えたのがコルブです。

　コルブ（Kolb, 1984）は，学習プロセスを4つのステップからなる「経験学習モデル」として提示しています。

①仕事の現場から具体的な経験をするステップ（Concrete experience）
②経験した内容の振り返りを通じて自分と向き合うステップ（Reflective observation）
③振り返りから得られた法則・教訓を抽象的な概念・知識に変換するステップ（Abstract conceptualization）
④変換された概念・知識を新たな状況に積極的に適用（応用）するステップ（Active experimentation）

　図で示したように，職場での経験学習は，以上の4ステップが絶え間なく連続していくプロセスです。このプロセスを組織的に支援していくことが，いわゆるOJTの本質であり，この意味において，仕事の現場における上司（マネジャー）は指揮命令系統の観点から具体的な支援を提供するという重要な存在でもあると言われています。

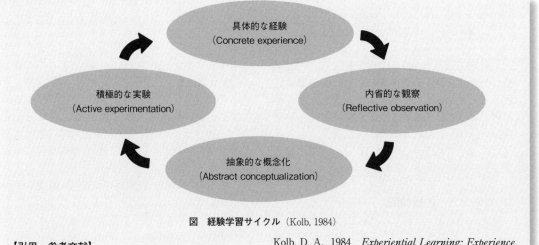

図　経験学習サイクル（Kolb, 1984）

【引用・参考文献】

金井壽宏　2008　「リーダー育成の連鎖（経済教室）」
　　日本経済新聞　2008年9月17日号

Kolb, D. A.　1984　*Experiential Learning: Experience as the Source of Learning and Development*. Englewood Cliffs, NJ: Prentice-Hall.

事例 10 前みたいに働けるか不安です（復職者）

A　前提

相談環境
企業内の健康管理部門。復職支援プログラムの一環としての面談。

申込時にクライエントから伝えられた情報
山口さん，27歳，男性，販売職，新卒入社5年目，休職3か月目。

相談の経緯
この企業では，復職判定のための産業医面談の前に，カウンセラーによる面談が組み込まれている。人事担当の情報によると，休職の直接の原因は不明である。体調不良による早退や突発休が続くようになり，診断書が提出され，そのまま欠勤・休職に入ってしまった。診断書の内容は，うつ状態のため3か月の休養を要する，というものだった。

B　来談当初の状況

場面設定
休職に入ってから，初めての出社。本社にある健康管理センター内相談室での相談。

入ってきた（会った）ときの様子
久しぶりの出社のためか，やや緊張した面持ちで来談。

クライエントの最初の発言
主治医からそろそろ復職可能と言われていて，ちょうど復職の準備をしなければ，と思っていました。どうぞよろしくお願いします。

Let's think

AとBの情報から，あなたはカウンセラーとして
☐ どのように話しかけますか？　　　☐ それはなぜですか？

C 問題を焦点化していくプロセス

	クライエント（CL）とカウンセラー（CO）との対話	カウンセラーの自問自答
CO 1	久しぶりの会社は少し緊張したでしょう。よくいらっしゃいましたね。	久々の出社に緊張している様子が伺えたので，まずはここまで来たことをねぎらう。
CL 1	はい，ちょっと緊張しました。でも今は，体調がかなりよいので，早く働きたいです。ただ，前みたいにはちょっと無理だと思うので，その点が気になっています。	
CO 2	そうですか，この面談はまさに復職に向けた準備をするためのものですから，そういった気がかりについて話していきたいと思っています。一緒にこれから必要な準備を考える，という進め方をしたいのですが，いかがですか。	人事を通じた呼び出しによる面談のため，余計な不安を感じさせないよう，目的を明確に伝える。
CL 2	はい，よろしくお願いします。	
CO 3	そんなに固くならないでいいですよ。ここで話したことは，そのまま店舗に伝わることはありませんし，まだ休職期間中ですから。よかったら，最近どんなふうに毎日を過ごしていらっしゃるか，お聞かせいただけますか。	本人の口から復職後の仕事に関する発言があったが，まずは話しやすそうな今の生活の状況から確認する。
CL 3	はい，できるだけ体を動かそうと思って，午前中は散歩をしたり，同期のいる店舗に顔を出したりしているんです。だんだんと仕事をしていた時の感覚を取り戻したいと思って。でも，まだ少し疲れやすいので，午後は家でゆっくりしています。	通常の社会生活を意識した生活リズムを構築できている様子。最近は仕事に関連する場所にも足を運べている。お店に行けてはいるが，そこでの本人の感じ方はどうだろうか。
CO 4	お店にも行かれたんですね。行ってみてどんな風に感じましたか。	
CL 4	いやぁ，正直言って，お店によって全然雰囲気が違うなって，驚きました。休む前は忙しかったので，他店舗に立ち寄る機会なんてありませんでしたし，何より私は今いる店舗の開店から関わっていて，ほとんど異動していないので，他の店がどういう感じで運営されているか，全然知らなかったんです。	冷静に店舗の状況を把握しており，自分の経験との比較も行っている。驚くほどの違いがあるとは，具体的にはどういうことかを話してもらおう。
CO 5	そうですね，山口さんはずっとこちらのお店でしたね。特にどのあたりを見て雰囲気が違うと思われたんですか。	
CL 5	そのぉ，ちょっと言いにくいので，これは上司に内緒にして欲しいのですが，お店のスタッフ同士のコミュニケーションがすごくよいところが，うらやましいなって思ったんです。新人や若手も生き生きしていて，楽しそうに働いていて……。	販売職が通常気になるはずの客層や品ぞろえではなく，内部のコミュニケーションに目が向いている。自店舗の状況はどうだったのか，もう少し具体的に確認したい。
CO 6	つまり，今の店舗ではそこまでの楽しそうな雰囲気はないとお感じになったんですね。とても売上の多い，トップクラスの店舗ですから，かなり忙しいということもあるのでしょうか。	

事例 10　前みたいに働けるか不安です（復職者）

	クライエント（CL）とカウンセラー（CO）との対話	カウンセラーの自問自答
CL 6	はい，まさにそのプライドがあるからこそ，頑張っていこうという雰囲気で，結構ピリピリしているんです。自分としては，それが当たり前だと思っていたんですが。でも，ちょっとショックなことがあって，それ以来やる気が続かなくなってしまって……。	人事からの情報にはないが，何かがあったようだ。お店の状況も気になるが，まずは面談の目的を優先し，本人の休職に至る経緯を尋ねることにする。
CO 7	そうだったんですね。休職前のお話を今お聞きしてもよいですか。【CL：はい】どんなことがあったのかお聞かせいただけますか。	
CL 7	実は去年，うちの店の新人が半年で退職したんですよ。自分が指導係で面倒を見ていた子で，すごく頑張っていたんですが，上司の口調がキツいことをいつも悩んでいて，だんだん休みがちになったと思ったら，突然，退職願が提出されたんです。すごく残念で……。［沈黙］それ以来，なんとなく張り詰めていたものがプツンと切れたような感じです。	たしかこの店の店長はかなり厳しい指導をする人だったはず。いろいろ言い分はあるだろうが，店への不満には焦点をあてず，今に至る本人の気持ちや背景にある経験に焦点をあてる。
CO 8	自分が可愛がっていた新人が突然辞めるというのは，本当にショックでしたね。その出来事がきっかけで，山口さんとしては虚しさを感じるようになったということでしょうか。	
CL 8	虚しさというよりは……，うーん……，そうですね，プライドをもって厳しくやっていたつもりでしたが，自分を否定されたような気がしたんでしょうね。「なんで辞めちゃうんだよ。ついてこいよ」って。でも，そのプライドって何だったんだろう，と今は思います。トップを走らなくちゃってみんなピリピリしていて，一回言ってわからなかっただけで裏で説教されるし，なんか余裕がなかっただけなんじゃないかって，思い始めたんですよね。	過去の自分を少し突き放したように勢いよく話し始めた。新人の退職をきっかけに現状に対して疑問を感じ始めたようだ。それが，他店舗の様子に驚いたことの理由と理解できたので，それでよいか確かめる。
CO 9	立地からもブランドの象徴的な店舗ですし，売上もトップとなると，その立場をキープし続けるために相当な覚悟で仕事をなさっていたんですね。でもその一方で，スタッフたちの気持ちにゆとりがなくなって，ギスギスした職場になってしまっていて。そうすると，先ほど伺った他店舗の様子は，それは驚かれたでしょうね。	
CL 9	そうなんです。休職して，自分のお店の状況を一歩引いて見られてよかったな，と今は思います。新人の子が教えてくれていたんですよね。でも，当時の自分は気づかなかったんです。上司のキツさにも自分は耐えてきたし，それが当たり前だったんです。他店舗を見るようになって，ますます自分の店のやり方に疑問を感じるようになってしまって，それが今一番不安なことです。	自分の経験を振り返ることはできているが，やや否定に偏っていることが気になる。最初の発言と結びつけ，不安の内容を明確にする。
CO 10	なるほど，それがお話してくださったような出来事が起こる「前みたいに」働けるかわからないということなのでしょうか。	

83

	クライエント（CL）とカウンセラー（CO）との対話	カウンセラーの自問自答
CL 10	はい，そうです。上司の考えについていけるかわからないです。とても仕事のできる人で，尊敬はしているのですが。きっと上司も周りも，メンタル不調で休職したような社員は戦力外だと思っているでしょうね。	現実的に元の店舗で働くことを想像し始めているので，ここで復職に向けた具体的な準備を検討するためにアセスメントを行う。
CO 11	実際に元の職場で働くことを想像すると，どういったことが気になりますか。	
CL 11	そうですね，うちの店でこれまでメンタル不調になった人は，たぶんそれを上司に言わずに辞めていて，復職者を受け入れたことがないはずです。なので，こういった復職プログラムを受けて，ちゃんと準備していることをわかって欲しいです。	
CO 12	なるほど，その点は人事担当に伝えておきますね。よろしいですか。【CL：はい】それから，山口さんご自身のことをちょっとお伺いしたいのですが。【CL：はい】休職前，元気だったころの仕事への意欲や体調を10とすると，今の山口さんの状態はどのくらいでしょうか。	
CL 12	そうですね，6くらいでしょうか……。	まだ何かためらいを感じるので，本人自身の考えを話してもらえるよう促す。
CO 13	どのようなことが準備できたり，変化したりすると，より休職前の状態に近づけると思いますか。	
CL 13	そうですね，体調は回復してきています。でも，働きたいとは思っているのですが，意欲と言われるとちょっと。何のために働くんだろうって考えてしまって……。そこが戻れば，とは思います。	自分自身のことに目を向けられている。前に戻るというよりは，今の自分に合わせて働く目的をつくり直すという視点を強調したい。これからのテーマを提案して，次回へつなげることにする。
CO 14	そうですか，かつて大切にしていた仕事のやり方に意義を感じられなくなってしまって，今はやる気が戻らないという状態なのですね。【CL：はい】そうすると改めて，今の山口さんご自身にとっての働くことの目的をつくり直すことが大切なのかもしれませんね。よろしかったら，そのことについて今後話をしていきたいのですが，いかがでしょうか。	
CL 14	はい，体調がよくなってきて，先のことをいろいろ考えることが増えていたので，ぜひお願いしたいです。	

Let's think

上記のプロセスを読んで，考えてみましょう。
□まず対話のみを読んで，あなただったらどのようなクライエント像を描きますか？
□カウンセラーの自問自答を読んで，カウンセラーの発言の意図を確認してみましょう。
□あなただったら，何に焦点をあてて，どのように見立てますか？

D　カウンセラーの仮説

(1) 全体方針（カウンセラーとしての行動方針，留意事項含）

　復職に向けた準備のための面談である点を明確にし，本人の視点から復職に向けた懸念点を明らかにし，必要な準備を一緒に行うことを目指す。人事への警戒心があるかもしれないため，仲間として支えたいということが伝わるような関わりを意識する。

　今回は，突発休が続き，休みに入ってしまったため，休職前の経過がよく把握できていない。しかし，その点を根ほり葉ほり聞いてしまうと，本人を責めるような面談になってしまう可能性があったため，今現在の生活面から話を進めることにした。

(2) 考えられる問題の可能性（相談冒頭から焦点化のプロセスを経て出た仮説）

①経営上，重要な店舗であるため，成果重視のマネジメントになり人間関係への配慮が不足している。
②職場内コミュニケーションが不十分，もしくは高圧的になりがちで，それが職場全体で常態化している。つまり，本人も無自覚に上司や周囲のスタイルを真似てコミュニケーションを取っている。
③新人を辞めさせてしまったことへの罪悪感から，自分を責めてしまっている。
④これまでの仕事のやり方への疑問から，働くこと全般への意欲が低下している。

(3) 問題を焦点化していくうえでのポイント

①店への批判，不満に終わらないように，本人の気持ちや考えに焦点化する（CO8, 9, 10）。
②本人自身の復職へ向けた課題を明らかにする（CO11）。

E 事例のまとめ

(1) カウンセラーの見立て

◆社会的背景から

　店舗運営は，店舗責任者のマネジメント方針の影響を色濃く受けやすい。全社的な方針があったとしても，現場での人材管理や育成の方法は店舗責任者の個性や，その店舗でこれまで行われきた慣習によって決まることが多い。一方で，メンタルヘルスケアは全社的な一定のガイドラインのもとに行われる。復職者への支援にあたっては，各店舗の状況や店舗責任者のメンタルヘルスへの理解度もふまえて，具体的な対応方法を検討する必要がある。

◆クライエント自身から

　指導していた新人の退職をきっかけに，自店舗の仕事の進め方に疑問を感じ，仕事への意欲を失ってしまったことがうつ状態の背景にある。さらに，休職中に他店舗を見学したことで，より一層これまでの店舗のやり方に否定的になり，自分自身の仕事のよりどころを見失うことにつながったと考えられた。休職後，初めての面談だったため，まずは本人の話したいことに沿いながら店舗の状況と本人の状態との関係を把握し，復職に向けた課題を明確にすることを目指した。

(2) 今後の計画

　復職判定の前までに，働くうえで大切にしたいことや復職後の本人の支えとなる資源について話し合う。特に，これまでの話から人間関係を重視する傾向を感じるため，店舗外もしくは仕事とは別の人間関係を通じた支援についても話し合いたい。また，現状のままでは元の職場への復帰には懸念が残るため，本人への確認も取りながら人事と対応を検討する。

事例 11 仕事がハードすぎて体を壊しそうです

A　前提

相談環境
企業内のキャリア相談室。

申込時にクライエントから伝えられた情報
井上さん，28歳，男性，大学院卒，入社3年目。相談したいこと：職場の仕事がとてもハードでこのままだと身体を壊してしまいそうです。どうしたらいいでしょうか。

相談の経緯
会社にキャリア相談室があるのでキャリアカウンセリングを受けに来た。

B　来談当初の状況

場面設定
仕事が終わった後，帰宅前に来室。平日の19時45分。

入ってきた（会った）ときの様子
予約なしの来室だった。疲れている様子は見受けられたが，特に深刻さや焦り，緊張感などは感じられなかった。

クライエントの最初の発言
こんばんは。めずらしく仕事が早く終わったので，予約なしで申し訳ありませんが相談に来てみました。

Let's think

AとBの情報から，あなたはカウンセラーとして
☐どのように話しかけますか？　　　☐それはなぜですか？

C 問題を焦点化していくプロセス

	クライエント（CL）とカウンセラー（CO）との対話	カウンセラーの自問自答
CO 1	いえいえ，大丈夫ですよ。何かありましたか？ 何でも気軽に話してくださいね。	すまなさそうにしているので，気持ちを楽にしてもらいたいとの意図で話し始めた。
CL 1	ありがとうございます。すみません，そんな急な話じゃないんですが，最近，仕事が凄く忙しくて，このままだと身体を壊してしまいそうで，どうしたらよいか教えてもらえないかと思って相談に来ました。	まずは，仕事の状況を客観的に確認する必要があると考えた。
CO 2	あらら，それはとても大変そうですね。もう少し仕事の状況を聞かせていただけませんか。	
CL 2	今はMプロジェクトのメンバーとして仕事をしています。仕事はとても忙しくて，朝10時にフレックスタイムで出勤して，帰宅するのは毎日終電近くになってしまうというような感じです。土日は休めていますが，トラブル対応で月に何回かは出勤しています。そんな状況が3か月以上続いています。プロジェクトの納期が3か月後に迫っているので，それまではこんな状況が続くんじゃないかと思います。最近，かなり疲れてきていてこのままの状態を続けていけば，体を壊してしまうのではないかと，かなり不安です。こんな状況がずっと続くのであれば，とても仕事を続けていけないと思っています。	メンタルヘルスの基本である心身の状態を把握するために，まずは食事と睡眠の状況，休日の過ごし方について最低限の確認をする必要があると考えた。
CO 3	毎日終電近くまで仕事ですか。それは相当に大変ですね。ご飯はちゃんと食べてますか？ 睡眠時間は？ それと，休日はゆっくりできていますか？	
CL 3	はい，ご飯は普通に食べてます。睡眠は，うーん，もともと睡眠時間が少なくても大丈夫なので，4〜5時間は寝てますから，睡眠時間はまあまあだと思います。休みの日は，アウトドアが好きなので友達と出かけたりもしています。平日は毎日夜遅くて辛いですが，休みはそこそこ楽しんでいるのではないかと。	安心できる状況かどうかについては，これ以降も注意が必要であるが，食事，睡眠，休日の過ごし方など，最低限の確認がとれたので，仕事の状況について詳しく確認していくこととした。
CO 4	ご飯は食べてるということですから少し安心しましたが，睡眠時間は少ないですね。でも，一応，睡眠時間は確保されているようなので，睡眠のことはこれからも並行してみていきましょう。それと休日は仕事から離れてゆっくりできているようですね。それでは仕事の状況について聞かせてください。	

事例11　仕事がハードすぎて体を壊しそうです

	クライエント（CL）とカウンセラー（CO）との対話	カウンセラーの自問自答
CL 4	慢性的に人が足りないんです。今のプロジェクトに限らず，これまでの3つのプロジェクトも同じような状況だったし，私が所属しているA事業部のプロジェクトのほとんどすべてが同じような状況なんです。前回のプロジェクトでは，急遽，応援要員として問題プロジェクトに入れられて，昼夜を問わず仕事をしなければならなかった。思い出すだけでぞっとします。	過去にかなりハードな業務経験をしてきていることが伺えるが，現在の状況がどうなのかを確認する必要があると考えた。
CO 5	それはかなり問題がありそうですね。今のプロジェクトもそのような状況になりそうなのですか。	
CL 5	そうですね〜，今はまだそんな状況ではないと思います。でも，いつそうなるかわからないのがITプロジェクトですから。	過去に比べればハードさはそれほどでもないと思われたが，このままでも大丈夫か念のため確認したかった。
CO 6	しばらくは様子を見ていても大丈夫そうな感じですか。	
CL 6	う〜ん，でも今でももうぎりぎりの状況だと思います。仕事が嫌だというわけではないので，もう少しだけでも仕事に余裕があれば何とかなると思うんですけど〜。	ぎりぎりの状況だと言っているが，仕事に対するポジティブな面も話しているので，業務負荷というネガティブな側面だけでなく，ポジティブな側面にも目を向けてみようと思った。
CO 7	なるほど，今，仕事は嫌じゃないとお聞きしましたが，仕事は面白い？　やりがいがある？　どんな感じですか？	
CL 7	はい，仕事はどちらかというと，よい仕事を担当させてもらっていると思います。	ポジティブな側面について，より意識化させたいと思った。
CO 8	もう少し詳しく聞かせて。	
CL 8	はい，プロジェクトのなかでの立場は，若手メンバーの一人なんですけど，大学院で数学を専攻していたので，他のメンバーにはできない専門性をもっているので，プロジェクト全体のなかでも重要な部分を担当しています。	CL自身の有能感を改めて感じてもらいたいと思った。
CO 9	凄いじゃない！　入社3年目で，もうプロジェクトのコアな部分を担当しているんですね。	
CL 9	数学の専門性を活かすことができるし，他の人にはできない仕事を担当しているので，やりがいがないわけではないです。	さらに，組織から評価されていることを自覚してもらいたいと思った。
CO 10	今のお話をお聞きしていると，井上さんは相当に組織から期待されているように思いますが，いかがですか。	
CL 10	確かに，忙しいのは本当に忙しいですが，仕事には恵まれているのかもしれません。	多忙さと仕事のやりがいを総合して比較検討して，評価してもらいたいと考えた。
CO 11	どうでしょう，忙しすぎるという点は，これは組織として大きな問題ですので，見すごすことはできませんが，仕事には恵まれているということでしたら，しばらく様子を見るというのは難しいですか？	

クライエント（CL）とカウンセラー（CO）との対話	カウンセラーの自問自答
CL 11 そうですね〜，今のままだとやっぱり厳しいですが，一度，上司にも話してみようと思います。でも，上司も私以上に忙しい仕事をしているので，すぐには改善できないかもしれませんが……。	現状に対して少しポジティブな意識をもってもらえたと思われたが，無理はしすぎないように改めて念押しをした。
CO 12 倒れるまで我慢するのはよくないですから，上司には今の井上さんの状況をしっかり伝えてください。しばらくしても状況に変化がないようでしたら，遠慮なくご相談に来てください。	
CL 12 ありがとうございます。今日は相談させていただいてよかったです。忙しい忙しいという気持ちばかりが先に来て，仕事のやりがいについては頭から抜けてしまっていました。忙しさは変わらないかもしれませんが，少し気持ちが前向きになったような気がします。また，ご相談に来たいと思います。	

Let's think

上記のプロセスを読んで，考えてみましょう。

□まず対話のみを読んで，あなただったらどのようなクライエント像を描きますか？

□カウンセラーの自問自答を読んで，カウンセラーの発言の意図を確認してみましょう。

□あなただったら，何に焦点をあてて，どのように見立てますか？

D カウンセラーの仮説

(1) 全体方針（カウンセラーとしての行動方針，留意事項含）

　カウンセラーは，クライエントが来室した時の様子や，食事，睡眠，休日の過ごし方などの様子から，多忙さがすぐに健康に悪影響を及ぼす可能性は必ずしも高くないと判断し，クライエントの主訴が何なのかを明らかにしたうえで，具体的な対応を検討しようと試みた。初期の段階でクライエントが発した，「仕事は嫌だというわけではない」という微妙な言い回しに，ポイントがあると判断し，相談を進めようと考えた。

(2) 考えられる問題の可能性（相談冒頭から焦点化のプロセスを経て出た仮説）

①多忙さの水準がどの程度か。
②健康を害する可能性がどの程度あるか。
③クライエントの主訴は多忙さだけなのか。
④仕事に対する考え方はどのようなものか。

(3) 問題を焦点化していくうえでのポイント

①忙しさに焦点化するより，仕事へのポジティブな認知・感情に焦点をあて，それをクライエントに意識化してもらうことが，解決の糸口になると考えた（CO6-10）。
②さらに，井上さんが組織から期待されているということを再認識してもらう（CO10）。

E　事例のまとめ

(1) カウンセラーの見立て

◆社会的背景から

　IT業界は慢性的に多忙であることは周知の事実であると言える。業務がプロジェクトベースで遂行されることが多く，また，業務上のトラブルが発生すると，トラブルの原因が目に見えづらい（プログラミング）ため，解決の糸口が見つかるまでは先の見えない仕事を続けることも少なくないという業務特性があると言える。このような業務特性があることを把握しておくことが大切である。

◆クライエント自身から

　仕事の多忙さに関しては，決して見過ごせる状況ではないが，クライエントの発言から，現段階ではクライエントの健康を害する水準にはないと判断された。クライエントの「仕事は嫌だというわけではない」という発言を手がかりに，仕事には前向きには取り組んでいるのではないかという仮説のもと，仕事に対するポジティブな認知や感情に焦点をあてていくこととした。その結果，仕事に対する有能感や組織からの期待が改めて意識化されることとなった。多忙さというネガティブな事象と仕事に対するポジティブ感情のバランスのなかで，もう少し頑張れそうだという気持ちになれたのだと思われる。

(2) 今後の計画

　健康を害するような多忙な状況でないかどうかを把握したうえで，多忙さと仕事のやりがいのバランスをとりつつ仕事に取り組んでいけるよう支援していく。

事例 12 仕事にむいていない

A 前提

相談環境
外部相談機関（EAP）にある相談室。

申込時にクライエントから伝えられた情報
山田さん，29歳，女性，システムエンジニア（SE）。相談したいテーマ：現在SEとして働いているがむいていないと感じている。今後について相談したい。

相談の経緯
EAP契約をしている外部EAPのもとへ，クライエントから相談予約の申し込みがメール相談を通じて入る。これまでは，メールでの相談，対面での相談ともに履歴なし。

B 来談当初の状況

場面設定
EAP機関にあるカウンセリングルーム。平日の午前中早めの時間帯に来談。

入ってきた（会った）ときの様子
緊張した面持ちで入室。ぎこちない様子であるが，礼儀正しく挨拶をし，着席をする。
とまどった様子ながら話し始める。

クライエントの最初の発言
今の仕事に自分はむいていないと思う。就職がどこも決まらず，指導教授のツテで今の会社に入ったが，周囲の同期と比較して，自分ができていない，と感じる。もっと努力をしなければ，と思うのだが，やる気も起きず，毎日がつらい。正直今の仕事に興味がもてない。今の仕事を続けていったらよいのか迷っている。

Let's think

AとBの情報から，あなたはカウンセラーとして
☐ どのように話しかけますか？　　　☐ それはなぜですか？

C 問題を焦点化していくプロセス

	クライエント（CL）とカウンセラー（CO）との対話	カウンセラーの自問自答
CO 1	仕事にむいていない，と思われるということですが，あなたの仕事についてもう少し詳しく教えていただけますか？	CLの「仕事にむいていない」ということがどういうことなのか，まずはCLから仕事について話してもらうことで明確にしていきたい。
CL 1	SE（システムエンジニア）なんですけど……。お客さんのところに行っていることがほとんどで，先輩とチームを組んでいやっています。お客さんと打ち合わせをして，システムの仕様書を作成して，設計を行うのですが……。今はほとんど先輩からの指示で動いている感じで……。今年で4年目となり，そろそろ自分で考えて動くように，と言われるのですが……。どうも私にはむいていないみたいで。［うつむきながら，自信がない様子で話す］	「仕事にむいていない」というのは，どうも「自分で考えて動く」というところへの自信のなさがあるよう。
CO 2	先輩から自分で考えて動くようにと言われるものの，どうもむいていないように思えるのですね。	
CL 2	自分で考えて，と言われても……。そのためのスキルというか必要な知識が自分には足りないように思うんです。だったら，習得しろ，と言われるのですが……。実際，同期たちは，どんどんできるようになっていて，仕事も任されるようになってきていて……。そんな同期たちを見ていると取り残されているようなそんな感じもしてきていて。	「自分で考えて動く」ためには，スキルや知識が必要であり，習得する必要があるとわかりつつもできていない自分に対して取り残され感を抱いている。必要なスキルを習得できない，阻害要因は何なのか，そのことを明らかにしていくとCLの「むいてない」という意味がわかるかもしれない。まずは，CLの「できていない」気持ちを聴いていく。
CO 3	同期と比べても，自分はできていないな，と感じられるのですね。	
CL 3	そうです……。どうも周りと比較して自分はできていない，自分は取り残されている，という感覚が強くて……。	「取り残され感」がどこから出てきたのかを判断するために質問をしてみる。
CO 4	そういう感覚が出てきたのは，いつごろから？	
CL 4	もともとそういう気持ちが強い方だとは思っていましたが，強くなってきたのは，3か月ぐらい前からです。	
CO 5	3か月ぐらい前から……。そのころに何かきっかけ，というか思い当たるような出来事はあったのでしょうか？	

事例12 仕事にむいていない

クライエント（CL）とカウンセラー（CO）との対話	カウンセラーの自問自答
CL 5 ちょうど評価面談があって，その時に上司から，「もう少し知識を身につけないと」というコメントがあったんです。評価自体はそれほど悪いものではなかったのですが……。そのコメントがショックだった，というのもありますが，それよりも，そう言われてもやる気になれない，というか興味をもてない，ということ自体がまずいな，という気がしていて。	評価面接が不適応感につながることはありうることだが，評価自体はそれほど悪くないにもかかわらずやる気になれないのは，他に何か要因はあるのでは，と想定。
CO 6 知識を身につけないと，ということはわかっているものの，その気になれない，のですね……。	
CL 6 興味がもてない，というか……。今はあまりそういう気分になれない，というか……。あの……。キャリアカウンセリングって仕事のことを話すんですよね？	仕事の内容と興味との不一致だけでなく，プライベート要因などライフキャリアの問題もからんでくる可能性があるため，関連しそうなことを話してもらえるよう促進。
CO 7 そうですね。仕事のこと，というか，働くということに関係すると思われることであれば，仕事に限らずお話していくことに意味があるかと。	
CL 7 働くということに関係するのかどうかよくわからないのですが，3か月前にショックなことがあって……。このままいけば結婚するかも，と思っていた彼と別れることになってしまったんです。	
CO 8 このままいけば結婚するかも，と思っていた方とのお別れ，ということですと相当ショックですよね。	
CL 8 そうなんです……29歳ですから，結婚する友達も出てきていて……なんか仕事で取り残されているだけでなくって，プライベートでも取り残されているような。	ライフキャリア全般で感じているCLの「取り残され感」に焦点をあてながら，どこから扱っていくかを探っていく。
CO 9 仕事でもプライベートでも周りから取り残されているような，お気持ちを感じられているのですね。	

Let's think

上記のプロセスを読んで，考えてみましょう。

□まず対話のみを読んで，あなただったらどのようなクライエント像を描きますか？
□カウンセラーの自問自答を読んで，カウンセラーの発言の意図を確認してみましょう。
□あなただったら，何に焦点をあてて，どのように見立てますか？

D　カウンセラーの仮説

(1) 全体方針（カウンセラーとしての行動方針，留意事項含）

　本人は今の仕事がむいていない，と言っているものの，上司からの評価もそれほど悪くない。また抑うつ状態としても深刻な状態でないため，今すぐに何らかの意思決定や介入が必要な状態ではない，と思われる。「今の仕事に興味がもてない」という根底に「今はあまりそういう気分になれない」というクライエントの気持ちの問題があり，そこにプライベートのライフイベントが関係していると思われるため，まずはそこを聞いてく。

(2) 考えられる問題の可能性（相談冒頭から焦点化のプロセスを経て出た仮説）

①仕事について4年目になり，自分のこれからのキャリアについて考える時期にきている。
②仕事に必要とされるスキルと本人の能力とのギャップ。
③仕事で充足される興味，欲求と本人の興味，欲求とのギャップ。
④仕事で必要とされる役割の変化への不適応。
⑤職場の対人関係の問題。
⑥プライベートの問題。
⑦抑うつ状態の可能性。

(3) 問題を焦点化していくうえでのポイント

①クライエントの言う「仕事がむいていない」ということが何を意味するのか，まずはクライエントの言葉で「仕事」を説明してもらうことで明らかにしていく（CO1）。
②クライエントの感じている「できていない」感覚，取り残され感を理解する（CO3）。
③取り残され感がどこでいつごろから出ているのかアセスメント（CO4, 5）。
④客観的評価とクライエント自身の適応感にギャップがあるため，何かクライエントの心理的問題が関係しているのでは，と想定して，仕事内容との不一致に限定しないように注意しながら話を聞いていく（CO6, 7）。
⑤プライベートでのショックな出来事を話し始めたクライエントの感情に焦点をあてながら，クライエントがライフキャリアの問題にどこから取り組んでいったらいいのか探る（CO8, 9）。

E 事例のまとめ

(1) カウンセラーの見立て

◆社会的背景から

指導教授のツテで入ったと言う IT 企業は小規模であり，下請けという立場で厳しい納期のなかで仕事をせざるをえない状況にある。人材の層も薄いため，新卒とはいえ，即戦力になっていくことが求められ，人材育成にそれほど時間とコストをかけらない状況も存在する。

◆クライエント自身から

入社した会社でとにかく働いていく，ということに関しては，一定の適応をしてきたものの，もう一段上の役割（自分で考え動く）を期待される段階になり，自分の興味と仕事との相性について再考せざるを得ない時期にきている。同時に，結婚を想定していたパートナーとの別れにより，今後のキャリアについて再考せざるをえない状況にもなっている。

(2) 今後の計画

クライエントが抱く「取り残され感」が仕事上から生じているものだけでなく，プライベートでのイベントも大きく影響している可能性が出てきたため，プライベートでのイベントと，それにまつわる感情（喪失感など）も丁寧に聞いていきながら，クライエントの今後のキャリアに向けての意思決定を支援していく。

コラム④　EAP の役割

　EAP は Employee Assitance Program の略であり，従業員支援プログラムと訳される。もともとは，米国にてアルコール問題を抱える従業員への支援プログラムとしてスタートし，1990 年後半以降日本においても展開されている。EAP は，個人的な問題により生産性が低下した社員に対して，その問題解決を支援するものであり，扱う問題には，心身の健康問題のみならず家族やコミュニケーションの問題も含まれる。

　EAP は，日本においては産業医を中心に据えた産業保健体制のもと，メンタルヘルス対策における事業場内資源もしくは事業場外資源として位置づけられることが通常である。事業場内資源として位置づけられる場合は，事業場内に EAP サービスを提供する専門職を雇用する形態であり，内部 EAP とよばれる。事業場外資源として位置づけられる場合は，EAP サービス提供機関と契約を締結し業務を委託する形態であり外部 EAP とよばれる。両者を組み合わせた混合型 EAP もあり，日本においては混合型 EAP もしくは外部 EAP が主流である。

　2011 年に株式会社シード・プランニングが日本 EAP 協会と共同で行った「EAP 相談機関の活動実情調査」によれば，EAP 機関が提供しているサービスは以下のとおりである。

①産業保健体制構築
　産業保健体制コンサルテーション，職場環境の改善，組織の風土づくり，産業医紹介・業務委託，人材育成，ケース・コンサルテーション
②一次予防（こころの健康の保持・増進）
　ストレスチェック，組織診断，セルフケアツール，教育コンテンツ，研修
③二次予防（早期発見，早期治療）
　対面カウンセリング，電話カウンセリング，Web・メールカウンセリング
　（これらの相談サービスは従業員のみならず，家族も対象にされることが多い。）
④三次予防（再発予防，職場復帰支援）
　休職支援，復職支援，復職プログラム，リワーク，惨事のストレスケア

　これらのサービスは，精神科医，臨床心理士，精神保健福祉士といった心の専門家によって提供されている。すべての EAP 機関がこれらのサービスを網羅的に提供できているわけではなく，内容も均質ではないため，EAP サービスの提供を検討する事業場は，自らのニーズにあった EAP 機関を選定する必要がある。

【引用・参考文献】
株式会社シード・プランニング　2011　EAP 相談機関の活動実情調査

事例 13 ストレスチェックの結果がなんとも……

A 前提

相談環境

システムインテグレーター企業 A 社内に設置されたキャリア支援室。

申込時にクライエントから伝えられた情報

山崎さん，31歳，男性，プログラマー。相談したいこと：ストレスチェックの結果が気になるので，今後のことも含めて考えたい。

相談の経緯

最近，制度化されたストレスチェックが A 社でも初めて実施された（厚労省提供の標準版：57項目）。3年前から非常勤のキャリアカウンセラーとして勤務しているカウンセラー B は，臨床心理士としての経験が買われ，着任時より A 社産業医の指導を受けながら，同社のメンタルヘルスマネジメント体制を整備してきた。従業員約 100 名の同社では，定期的に全社員のキャリア面談を行っている関係で，B はほとんどの従業員と顔見知りである。今回のクライエントである山崎さんも 2 年前の第二新卒入社で既に 2 度面談をした実績があるが，前回はちょうど半年くらい前で，最近の状況については知らなかった。そんなところに電子メールで突然，相談の予約が入った。

※ストレスチェック制度とは？

　近年，仕事や職業生活に関して強い不安，悩みまたはストレスを感じている労働者が 5 割を超える状況にあるなか，事業場において，より積極的に心の健康の保持増進を図るため，「労働者の心の健康の保持増進のための指針」が平成 18 年に公表され，事業場におけるメンタルヘルスケアの実施が促進されてきた。ところが，以降も仕事による強いストレスが原因で精神障がいを発病し，労災認定される労働者が増加傾向にあり，労働者のメンタルヘルス不調を未然に防止することがますます重要な課題となってきて，ストレスチェック制度が平成 26 年に新たに創設された。ここでは心理的な負担の程度を把握するための検査（ストレスチェック）及びその結果に基づく面接指導の実施などが，常時 50 人以上の労働者を使用する事業場に義務づけられた。制度の運用は平成 27 年 12 月からスタートし，1 年以内に 1 回目のストレスチェックを実施し，以降は毎年 1 回の実施が義務づけられている．
出典：厚生労働省『労働安全衛生法に基づくストレスチェック制度実施マニュアル』

B 来談当初の状況

場面設定

社内の小会議室（カウンセラーが予約）。月曜日の夕方。

入ってきた（会った）ときの様子

昨年，面談をしたときと比べると，山崎さんは明らかに無表情。どちらかというと疲弊感が漂っている。しかも，さきほど出社したとのこと。

クライエントの最初の発言

今日は，急にすみません。実は，先週末にストレスチェックの結果が返ってきて，「ストレス反応の状態が普通より少し高め」ということでした。そのことで，土日にさらにいろいろと思い悩んでしまい，寝つきが悪くて，そのせいか本日は朝，起きられず，出社が午後になってしまいました。ストレスチェックの結果が出るよりも前に，Bさんに相談すべきだったと思いますが，これがきっかけになってようやく相談することができました。ストレスによる心身の件もさることながら，自分の今後についてもご相談できればありがたいです。これがその「ストレスプロフィール」[1]になります（提示）。

整理番号 ID00003

あなたのストレスプロフィールについて

山崎　誠　殿
社員番号　1000113

　ご回答いただいたストレス調査票の結果から，"あなたのストレスプロフィール"を作成しました。このプロフィールから，あなたのストレスの状態をおおよそ把握していただくことが出来ると思います。結果をごらんいただき，ご自分の心の健康管理にお役立てください。

　詳しいストレス度や，それに伴うこころの問題については，この結果のみで判断することはできません。ご心配な方は専門家にご相談ください。

　別紙「あなたのストレスプロフィール」にお示しいたしましたが，

　あなたのストレス反応の状態は普通より少し高めでした。しかし，仕事上でのストレスの原因となる因子については問題はみられませんでした。

　ストレス状態が続くと，心や身体がストレスの原因に対して反応し，その結果として，気分が落ち込む，イライラ感がつのる，疲れる，元気がないといった症状があらわれます。このような症状や気分だけでなく，からだの不調としてあらわれることもあります。

　あなたの場合，不安感が高いようです。

　あなたの仕事でのストレスの原因となりうる因子では，仕事の量的負担，質的負担，対人関係上のストレス，仕事のコントロール度，全てに問題はありませんでした。

　今回，わずかながらストレスのサインが見られました。これをきっかけとして，こころと体の健康管理に気をつけましょう。一人で悩みを抱え込まずに，周囲に悩みを相談することもよいでしょう。また，産業医や専門家に相談することも一つの方法です。専門的な助言を受けることによって，自分では気がつかなかった解決法が見つかることもあるでしょう。セルフケアのためのアドバイスを参考に，気分転換を心がけましょう。

---

1) 掲載したストレスプロフィールは厚生労働省が配布している「厚生労働省版ストレスチェック実施プログラム」の「職業性ストレス簡易調査票」の出力結果をもとに作成した。なお，結果は今回の事例を想定して筆者が入力した架空のデータから出力されたものである。プログラムの詳細については次のwebページを参照。〈https://stresscheck.mhlw.go.jp/〉

事例 13 ストレスチェックの結果がなんとも……

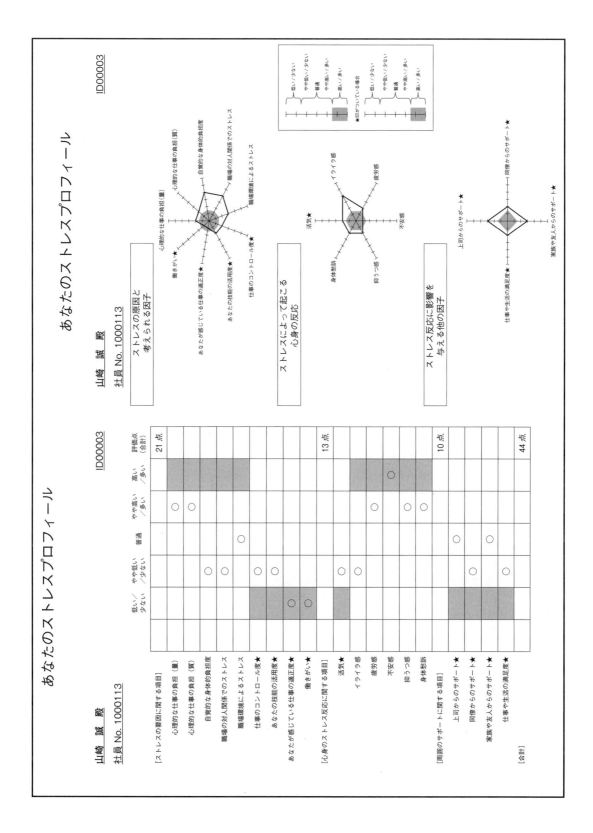

C　問題を焦点化していくプロセス

	クライエント（CL）とカウンセラー（CO）との対話	カウンセラーの自問自答
CO 1	今回は，ご自身から相談の予約をしてくださって，ありがとうございます。検査機関からの通知文にも書いてあるように，「ストレスプロフィール」の結果，内容のみで判断することではないので，まずは山崎さんご自身の実感も含めて最近の状況を差し支えない範囲で教えていただけますか？　今後のお話はそれをふまえてからにしましょう。	いきなり今後の話というよりは「ストレスチェック」の結果で不安になる人もいるので，まずは，じっくりと聴きますよというスタンスを明示する。
CL 1	ご存知だと思いますが，ボクは2年前の入社で，実はずっと研修期間が続いていて，なかなか現場に出られないんです。	2年も現場に出されていないのは，よほどの事情があると推測する。昨年の面談で研修の内容が変わったとか言っていたので，そこから事情にふれてみる。
CO 2	そういえば，昨年のキャリア面談のときは研修の内容が変わったばかりとか言っていましたね。その時は頑張るぞーという感じだったような。	
CL 2	[暗い表情で，5秒くらいの沈黙の後]なかなか難しくって……。	もはや「頑張るぞー！」ではないと判断し，ストレスプロフィールにあるストレッサーのなかで気になるところから，もう少し掘り下げてみるか。
CO 3	山崎さんが現在，取り組んでいる研修の内容が……ということでしょうか？	
CL 3	なかなか頭に入らなくて，1年目のときも同じでした。	1年目もそうだったのか。それで，職種が変わったのかもしれないので，もう少し詳しく聞いてみる。
CO 4	確か，最初は，業務系コンサルタント志望で入社されたんですよね。法科大学院のご出身でしたものね。	
CL 4	最初はロースクールで勉強した実績を買われたのか，会計システムの業務要件関連のプロジェクトに参画するようにと言われて，簿記の勉強をしていたのですが，全然，頭に入らなくて，検定に3回連続で不合格だったんです。で，昨年からWebシステムのプログラミングということで，プログラム言語を習っているのですが，これも1年やって，なかなかモノにならないんです。現場に出られなくて。もう自分の不甲斐なさにいい加減，嫌気が差しています。	法科大学院＝会計システムというのはどういう関連なのかよくわからないが，最初の1年がうまくいかないばかりか，新しく取り組み始めたプログラミングもうまくいっていないということか。そして，自分への評価基準が高くて，自分で自分を追い込んでいる印象もある。現場に出られないことへの不満も募って，ストレスフルになっているのかな。不安感がハイスコアなので，もう少し詳しく状況を確認する。
CO 5	なかなか現場に出られないので，調子がすぐれないということでしょうか？　見せていただいた「ストレスプロフィール」では不安感が高いという結果になっていますが……。	
CL 5	実は，先月のプログラミングの試験に合格できず，その頃から，あれこれ考えてしまって，夜の寝つきが悪くなってしまったんです。このままだとずっと現場に出られず，いつかクビになるのではないかということもあったりして。	現場に出られないことへの不満よりは，将来に対する不安のほうが勝っているようだ。ストレッサーに対処するための周囲のサポートについても聞いてみよう。
CO 6	クビって，誰かから言われたのですか？	

事例 13　ストレスチェックの結果がなんとも……

	クライエント（CL）とカウンセラー（CO）との対話	カウンセラーの自問自答
CL 6	いえ，そういうことではなく……。マネジャーはかなり優しく見守ってくれていて，ありがたい話です。ただ，一緒に研修を受けていた同期や後輩はどんどん現場にデビューをしていくのを見ていると，会社に迷惑をかけているなぁと思ったりして，自分を奮い立たせようと勉強のノルマを設定するのですが，そのノルマに押し潰されそうにもなっています。オフィスでも一人ぽっちですし……。自分はこういった仕事が合わないのでしょうか……。	周囲のサポートはある程度，あるようだが，CL自身の自己肯定感が下がっていて，それが逆に自身の消耗や孤独感を生み出しているようだ。ストレスプロフィール上も仕事の適正度と働きがいが低くなっている。ここまでくるとストレスプロフィールに記載されている体調の実感も相当あると思うので，確認をしてみよう。まずは冒頭で触れた睡眠から。
CO 7	先ほど，寝つきが悪いと言われていましたが，最近はぐっすり眠れていますか？	
CL 7	正直，浅い気がします。もともと眠りは浅い方ですね。特に最近は，寝ても疲れがとれない感じで，夜遅くまで眠れないのに，夜明け前に目が覚めてしまって，横になったままボーッと何時間も過ごしてしまうんです。で，日中，オフィスでプログラミングの勉強をしていると，時々，居眠りをしてしまうんです。	眠れていないのでは，日中の研修などの取組みにも支障が出てきてもおかしくない。「ストレスプロフィール」では疲労感も「やや高い」と出ているし……。食欲はどうだろう。
CO 8	その他に体調ですぐれないところはありますか？　ご飯は普通に食べられていますか？	
CL 8	胃腸の調子が悪いわけではないですが，正直，食欲もあまりないですね。	ストレスプロフィールでも身体愁訴は「やや高い」と出ているな。食欲もないということは，この後，どんどん体力がなくなって，心のバランスもさらに崩れてしまうリスクが高いので，体調の回復を優先させて，病院での受診を勧めてみよう。
CO 9	眠れていなくて，食べられていないというのはちょっと心配ですね。山崎さんが実感されているとおり，ご自身の研修の進み具合が体調と心の調子を崩している要因になっている可能性がありますので，産業医の先生に一度，診てもらうことをお勧めしたいと思いますが，いかがでしょうか。	
CL 9	実は近所の心療内科に半月くらい前から通っていて，睡眠導入剤の処方を受けています。診察時間も短時間なので，今日，「眠れない」以外のお話したことの大半はまだ伝えていませんが。	睡眠については手を打っていたわけだ。産業医の先生にリファーするときには，この主治医の先生との連携をどうするか相談しないといけないな。
CO 10	既に通院されていらっしゃるのですね。今の状況について，「眠れない」以外のことも含めて，主治医の先生にお話しされるとよいと思いますが，いずれにしても，今の状況が続くと心配なので，心配事を減らすためにも，いったんお休みをとっていただく方向で一緒に考えていきませんか。	

Let's think

上記のプロセスを読んで，考えてみましょう。
□あなただったら，何に焦点をあてて，どのように見立てますか？

D　カウンセラーの仮説

(1) 全体方針（カウンセラーとしての行動方針，留意事項含）

　ストレスチェックという制度化された初めての試みによって，早期に面談を促すというきっかけができたので，この機会を上手に活用したいところであるが，なにぶんにも初めての試みゆえに，例えばストレスチェックという取組みそのものへの誤解やストレスプロフィールの内容に対する誤解なども十分に生じうるので，できるだけクライエントの話をよく聴き，日常的な職場での生活や就職時の背景などについても情報収集していこう。

(2) 考えられる問題の可能性（相談冒頭から焦点化のプロセスを経て出た仮説）

① ストレスチェックの結果に過敏に反応しているのではないか？
② 研修のステージからなかなか現場に出られないことについての自分への焦燥感か？自己に対する評価基準が高すぎるのではないか？
③ 周囲のサポートがしっかりしていないのではないか？
④ 論理的思考を必要とする領域がもともと苦手であるにもかかわらず，法科大学院出身という事実があだとなっているのではないか？

(3) 問題を焦点化していくうえでのポイント

①ストレスプロフィール上では表されないストレッサーの有無確認（CO1-5）。
②周囲の関係者との関係を探る（CO6）。
③心身のストレス反応についてのクライエントの実感を確認する（CO7, 8）。
④産業医へのリファーについてクライエントの意向を確認する（CO9）。

E 事例のまとめ

(1) カウンセラーの見立て

◆社会的背景から

「現場に出てなんぼ」という業種・職種において、もう2年も現場に出せない状態が続いていること自体があまり考えられない状況であり、周囲のサポートの問題なのか、クライエント本人の問題なのか、あるいは両方の問題なのかを確認する必要があるが、論理的な思考を必要とする会計システムの業務要件検討、プログラミングという領域の仕事に必要な研修において検定という基準点をクリアできていない状況を鑑みるに、法科大学院出身=論理的という先入観を排除して、クライエントの本当の状況（これまでの過ごし方）についてこの後も吟味していく必要があると見立てた。

◆クライエント自身から

自己に対する評価基準の高さ、2年間で取り組んできた研修テーマに求められる能力的特徴とクライエント本人の能力的特徴のズレにより、心身のバランスが崩れ、ストレス反応は出てきている状態と見立てた。

(2) 今後の計画

まず心身、特に身体的な症状の立て直しを医師主導で行いつつ、並行してクライエントのストレッサーの除去、周囲のサポートの充実に向けたやりとりを進めるべく、本人合意のもとで産業医との面談につなげる。また、現時点の主治医となっている心療内科医とクライエントとの関係性の調整（現時点では睡眠のことしか伝えていない）も促すことを通じて、クライエント本人の了承のもと、人事担当を交えて、三者面談を行い、必要に応じて休職する方向で、心身のバランスの立て直しを図ってもらう。

また、休職中でも定期的に、今後のキャリアの方向性についての相談機会がもてるように支援環境の整備をすすめていく。

事例 14　同僚が急に冷たくなって……

A　前提

相談環境
企業内のキャリア相談室（雇用形態を問わず利用可能）。

申込時にクライエントから伝えられた情報
林さん，33歳，女性，大学卒，派遣社員（同社は3社目，1年1か月勤務）相談したいこと：最近になって急に同僚Sさん（女性正社員）との関係がうまくいかなくなってしまって，どうしたらよいのかわからず相談に来ました。

相談の経緯
雇用形態を問わず利用できる相談室が会社にあったので，とにかく少しでも早く話をしたいと思って相談に来た。

B　来談当初の状況

場面設定
勤務時間が終わった直後の17時30分。

入ってきた（会った）ときの様子
とにかく早く話がしたいということで，予約もなく突然相談に来た。
元気がなく，本当に困ったというような様子も感じられた。

クライエントの最初の発言
すみません。予約もせずに急に来てしまって……。でも，どうしたらよいか困ってしまって……。すみません。

Let's think
AとBの情報から，あなたはカウンセラーとして
□どのように話しかけますか？　　　□それはなぜですか？

事例14 同僚が急に冷たくなって……

C 問題を焦点化していくプロセス

	クライエント（CL）とカウンセラー（CO）との対話	カウンセラーの自問自答
CO 1	いえいえ，大丈夫ですよ。どうしましたか？ 何からでもかまいませんので，気楽に話してくださいね。	元気がなく，本当に困っているようなので，安心してゆっくり話ができるよう，できる限り穏やかに話しかけようと思った。
CL 1	すみません。最近，急に同僚（32歳，女性，正社員）のSさんが私に冷たくなって，話しかけても避けられたり，顔も合わせないようにしているように思うんです。何があったのかわからなくて，どうしたらよいのかわからなくて。	派遣社員と正社員の間の人間関係の問題だと考えられる。まずはこれまでの経緯と現状把握が必要であると考えた。
CO 2	なるほど，それは困りましたね。原因はわからないけれど，急にSさんの態度が変わったということですね。差し支えなければ具体的に聞かせていただけますか？	
CL 2	はい，そうなんです。	まず，これまでの経緯と状況把握が必要と考えた。
CO 3	〔Sさんの態度に関する対話を何度か進めた後〕 Sさんの態度が変わる前は，Sさんとの関係はどんな感じだったのですか？	
CL 3	以前はすごく仲が良かったんです。Sさんは社員さんですが，年齢も近いし話してて楽しかったので，仕事帰りにお茶したり，お休みの日に一緒に出かけたりしたこともありました。	休日に一緒に出かけるほど関係性ができていたと（表面的には）思われた。
CO 4	なるほど。今のお話からだけでも，かなり仲が良くて，二人の関係はとてもうまくいっていたようですね。	
CL 4	はい，でも，ここ1か月前ぐらいからだと思うんですが，Sさんが私にだんだんときつく当たるようになってきて，プライベートはもちろんですが，仕事の時にも避けられたり，顔も合わせないようにしているように思います。	Sさんの態度変化の矛先が林さんに向けられた理由を探索するために，職場の状況を把握したいと考えた。
CO 5	そうですか，それは困りましたね。Sさんのそのような態度は，林さんに対してだけですか？	
CL 5	はい，私にだけです。他の人たちとは，これまでと変わらず楽しそうにしているように思います。	林さんの感情を理解するとともに，仕事の状況を確認する必要があると考えた。
CO 6	これまで仲が良かっただけに，林さんに対してだけ，そのような態度だと，辛いし寂しいですね。仕事に支障は出ていないですか？	
CL 6	はい，今のところ仕事は大丈夫です。私は派遣社員なのですが，課長直轄の仕事を担当していますので，Sさんと仕事上の直接の関連は少ないです。	仕事上には影響が少ないことが確認された。 次に，林さんの対人関係能力に問題はないか確認しようと考えた。
CO 7	仕事にはあまり影響がないとすると，日頃の職場でのSさんとの関係をどうするかということになりますね。林さんは，他の職場の人たちとの関係はいかがですか？	また，ソーシャルサポートの確認の意味も含め，他のメンバーとの関係性を確認したいと考えた。

	クライエント（CL）とカウンセラー（CO）との対話	カウンセラーの自問自答
CL 7	はい，課長や他の人たちとは，特に問題もなくうまくいっていると思います。	他のメンバーとの関係は良好，サポートも期待できると確認できた。
CO 8	それは，ひとまず安心ですね。 それでは，一番はじめに，Ｓさんの態度が，なぜ変わったかわからないとおっしゃっていましたが，何かきっかけになることとか，思い当たることはないですか？ 些細なことでも何でもよいですよ。	改めてＳさんの態度変容の理由を明らかにしたい。
CL 8	そうですね～，う～ん，違うかもしれませんが，もしかしたら課長直轄の仕事をすることになったことかも。	課長直轄，正社員と派遣社員，ほぼ同じ年齢などを考慮すると，ここにポイントがあるかもしれないと考えた。
CO 9	課長直轄の仕事と関係があるかもというのは，どのようなことですか？	
CL 9	1か月少し前に課長直轄の仕事をすることになりました。課長から，これまでの仕事の進め方を褒めていただき，派遣社員だけど大切な仕事を担当して欲しいということで，課長直轄の仕事をすることになりました。	やはり課長直轄の仕事が関係しているだろうと想定された。 課長の仕事の任せ方は気になるところではあるが，まずは，林さん自身の感情を捉えるところから始めようと考えた。
CO 10	なるほど，そういうことがあったのですね。林さんにとってはとても嬉しいことですよね。	
CL 10	はい，仕事も面白いし，派遣社員なのに大切な仕事を担当させてもらって，とてもありがたいと思っています。ただ，もしかしたらＳさんは，それが気に入らないのかもしれません。	Ｓさんに対する負の感情を少し吐き出すことが必要だと感じた。
CO 11	なるほど。Ｓさんの様子から，なんとなく気に入らないとか不愉快だというようなことを感じたり，聞いたりしたことはありましたか？	
CL 11	はい，直接聞いたことはないですが，「林さんは課長から認められていいわよね」というようなことをＳさんが言っていたと，他の人から聞いたことはあります。	原因が何かはわかっているということの確認をしようとした。
CO 12	そうすると，林さんは，きっとこのことが原因なのではないかと薄々わかっていらっしゃるのですね。	
CL 12	はい，そうじゃないかと……。 私，何も悪いことしてませんよね。	抑えていた負の感情が少し出はじめた。

Let's think

上記のプロセスを読んで，考えてみましょう。
- まず対話のみを読んで，あなただったらどのようなクライエント像を描きますか？
- カウンセラーの自問自答を読んで，カウンセラーの発言の意図を確認してみましょう。
- あなただったら，何に焦点をあてて，どのように見立てますか？

D カウンセラーの仮説

(1) 全体方針（カウンセラーとしての行動方針，留意事項含）

　カウンセラーは，クライエントが予約なしで来談したことや早く話したい，困ったという様子から，切迫感はないが相当に困っており，これまで自分でいろいろと考えてきたが，自分だけではもう対応できないと思い相談に来たと判断した。まずは，職場の現状把握，人間関係の実態を理解することから始めようと考えた。そして，「派遣社員なのに，課長直轄の仕事をしている」という話題が出始めた頃から，これがポイントになる可能性があると考え，その可能性を探索していった。

(2) 考えられる問題の可能性（相談冒頭から焦点化のプロセスを経て出た仮説）

①この問題は同僚Sさんの林さんに対する「やっかみ」のような感情が根底にある可能性が高い。林さんには基本的に責任がないにもかかわらず，苦しんでいるのは林さんという構図と考えられる。
②一方で，林さんの仕事と職場の人間関係に関する考え方を見直すことも必要かもしれない（職場には仕事をしに来ているなど）。
③課長の組織マネジメント（仕事の任せ方など）に問題はないだろうか。
④課長の対応，他の人たちの対応が重要になってくる。

(3) 問題を焦点化していくうえでのポイント

①林さんは，派遣社員という立場でありながら大切な課長直轄の仕事を担当する機会が与えられ，嬉しくやりがいのある仕事だと感じている。仕事への取り組み姿勢として望ましいと言える（CO10）。
②しかしながら，同僚Sさんの「やっかみ」のような感情の矛先が林さんに向けられ，林さんは苦しんでいる（CO9-12）。
③この点については，職場の人間関係が円滑であるにこしたことはないが，人間関係にとらわれすぎていないか見直す必要がある（CO12以降で扱っていく必要がある）。
④一方で，組織としては課長のマネジメント（仕事の与え方など）が課題である（CO10の段階では扱わないが別途検討が必要である）。

E　事例のまとめ

(1) カウンセラーの見立て

◆**社会的背景から**

職場における正社員，派遣社員，契約社員，パートタイムなどの雇用形態，それぞれの仕事上の役割や職務遂行能力，それらをマネジメントする管理者の能力や態度が問題の背景にある事例だと考えられる。

◆**クライエント自身から**

林さんは，自分に責任がないにもかかわらず，自分が苦しめられているという理不尽さを感じていると思われる。この点については，林さんに責任はないことを改めて伝え支持することや，林さんが落ち着いた段階では，Ｓさんの「感情」についても対話をすることが必要になると思われる。一方で，職場は仕事をする場である。職場の人間関係が円滑であるにこしたことはないが，人間関係にとらわれすぎていないか見直す必要があると思われる。仕事への向き合い方を，この機会に考えることが大切であろう。

(2) 今後の計画

林さんの今の苦しみを解消するためには，林さんに対する個別サポートに加え，同僚Ｓさんに対応することが必要になる。同僚Ｓさんの「感情」も理解できないわけではないため，最終的には課長のマネジメントが重要であると考えられる。本ケースの場合には，問題の当事者（林さん，同僚Ｓさん）だけで解決することは困難であり，林さんの同意が得られれば，課長への助言も必要となってくる。ただし，混乱を招かないためにも事実関係を丁寧に把握することが必要である。

事例 15 育児休暇をとったらどうなる？

A 前提

相談環境
X企業内に設置された契約キャリア相談室，契約カウンセラーが週2日勤務。

申込時にクライエントから伝えられた情報
木村さん，32歳　女性，X企業の総務課社員。相談したいこと：育児休暇について。備考：昼休みに相談したい。

相談の経緯
X社の社内広報誌を通して，社員およびその家族のために，新たに外部からキャリアカウンセラーを招聘したことを知る。その内容は，「週2日勤務，活用したい社員は直接相談室に電話またはメールアドレスで予約を取れる」であった。木村さんは電話で申し込んだ。電話の内容は，「カウンセラーの出勤日の昼休みに相談を希望する」ということであった。希望に沿って，5日後の昼休みを相談時間として決定する。

B 来談当初の状況

場面設定
予約日の昼休みに予定より5分程早めに来所したので，待合室で相談票に記入してもらう。

入ってきた（会った）ときの様子
予定の時間になると，礼儀正しく，ドアをノックした。かなり緊張している様子である。
入所と同時に，立ったまま，話し出す。

クライエントの最初の発言
木村です。人事部の広報でキャリアカウンセラーのことを知りました。時間を取っていただきましてありがとうございます。昼食前なので，今日は30分ほどしか時間がないのですが，よろしくお願いします。

C 問題を焦点化していくプロセス

	クライエント（CL）とカウンセラー（CO）との対話	カウンセラーの自問自答
CO 1	お忙しいのによく時間を工面して，お見えになられましたね。お昼休みしか時間が取れなかったのでしょうし，これから昼食も摂らねばならないでしょう？　長くても30分くらいなら時間が取れるということですね。とりあえず，おかけになられませんか。	緊張気味で固くなっている。何となく落ち着かない様子なので，まずは安心してもらうことに努力する。
CL 1	すみません。勝手を言いまして。	着席したが，緊張は続き，辛い表情のままなので，COのほうから自分の気持ちや思いを伝え，対話をすこしでも進めたい。
CO 2	とんでもありません。今日は相談票をお出しいただくだけで，また別の日にお越しになられてもかまわないのです……。とりあえず，時間が許す限り，私にご質問くださっても結構です。何かお話しになりたいことがありましたら，何なりとどうぞ……。そしてよろしければまた別の日にお越しいただいてもいいのですよ。	様子見の可能性もあるので，本日は信頼してもらえる環境つくりを目的とする。ただ自分から申し込んだので，何か話し出すのを待つこととする。
CL 2	そうですね……。実は，人事課には聞きにくいことなので，こちらに来ました。育児休暇を取れることになっていることは知っていますが，取るとその後どうなるのかということについて情報がほしいのです。	勇気を出して話し出した様子なので，とりあえず，育児休暇に焦点をあてることにした。
CO 3	育児休暇について，どのようなことを確かめたいか，もう少し具体的にお話しいただけますか？　私でお答えできることかもしれませんので。ご存知かと思いますが，こちらにお越しになられたことやお話しになられたことはあなたの許可なく口外いたしませんので，ご安心ください。	秘密保持のことは話しておいた方がよいと考える。
CL 3	そうですか……。［うつむき加減で，考えこむ］他の課のことですが，最近育児休暇から復帰した人がいるのです。その人について周りの人がいろいろ，同僚が困っていると噂しているのを耳にしたのです。［沈黙］夫の会社でも復職しても働き続けるのが難しいとか言っていますので。	復職者についての噂と夫の話の両方が話されたが，家庭の話は複雑化する恐れがあるので今は職場に焦点をあてる方がよいと考える。
CO 4	そのような話を耳にすると，制度としては，育児休暇が取れても，実際は復職は難しいのではないかと心配になられたのでしょうか。	自分自身のことか否かには立ち入らず，現時点では漠然と制度に関係することにとどめた方がよいと判断。
CL 4	そうですね……。［あまりはっきりとしない様子で沈黙］ええ，心配になりますね。制度の利用と現状とは違うのが世の常ではないかと思えるのです。	今の段階ではCL個人の問題に立ち入らないようにしたほうがよいであろう。

事例 15 育児休暇をとったらどうなる？

		クライエント（CL）とカウンセラー（CO）との対話	カウンセラーの自問自答
CO 5		確かにそういうことが多く起こりますね。そのようなギャップについて何かお考えなのでしょうか。もしよろしければ，一つお伺いしてもいいですか。あなたご自身のお考えとしては，育児と職業とは両立させた方がよいというお考えですか。それとも，育児休暇制度はできても現実は簡単ではないなとお考えでしょうか。先ほど人事課には聞けないとおっしゃいましたが，どのようなことをお聞きになりたいのでしょうか。よろしければ，お話しいただけると……。	CL 自身の考えを具体的に話せるようにすることに焦点をあて，会社の現状についての不満や議論に立ち入らないように気をつけ，人事課に聞きたかったことに焦点をあて，本人の考えていること，経験したことを具体的に安心してもらえるように努力する。
CL 5		そうですね……。［考えこむ］何を聞きたかったのかしら。	考えているので，話し出すのを待つ。CL が自分の内面に目を向け出したので，CO の経験を具体的に話せるように問いかけることで話しやすくなると考える。
CO 6		先ほど周りの人が噂をしたということを話されましたね。噂話のなかで特にあなたが気になったことはどのようなことだったか思い出せますか？　よろしければお話しいただけますか？	過去の個人的経験に目を向けることで具体的な話ができると考えた。
CL 6		そうですね……。［少し考え込んだ後，顔を上げで話し出す］特に気になった言葉は，女性の同僚達からの言葉ですね。［自分でうなずく］「周りに迷惑をかけないでもらいたい。半年も休んだんだから仕方ないけれど，もう少し，責任をもって仕事をしてほしい」というような言葉ですね……。	
CO 7		それを聞いていてどのようにお感じになられましたか？　思い出されましたら……。例えば，もっとやさしくしてあげればとか，それとも確かに仕事をしっかりしてほしいとか。いかがでしょうか。	CL が自分のその時の体験に目を向けられるように問いかける。
CL 7		私も，その人を見ていると，もっとしっかり仕事をしてほしい，と思いましたね。	
CO 8		先ほど，育児休暇のことで聞きたいとおっしゃっていましたが，そのような周りの言葉を聞いて，ご自身が育児休暇を取って復帰した場合のことを考えてしまったのでしょうか？	時間の限界を考え，話を進めた方がよいので，訪問の趣旨に焦点化したほうがよいと考えた。
CL 8		そうですね……。それがきっかけかもしれないですね……。私はまだ育児休暇を取る状況ではないので，他人ごとのようですが。ただ気になったことは，制度はできても，同僚の態度から，復帰は困難かな，などと考えてしまったのは確かです。	
CO 9		ということは，あなたの気にかかることは，会社の育児休暇制度の内容についてというよりも，育児休暇を取った人に対する周囲の人々の態度をみて，制度の利用の難しさを考え出したということでしょうか？　間違っていたら申し訳ございませんが，いかがですか？	今までの話をまとめ，CL の相談の趣旨を明確にする必要があると考えた。

113

	クライエント（CL）とカウンセラー（CO）との対話	カウンセラーの自問自答
CL 9	そうですね……。［考え込む］それだけでなく，私自身，育児休暇をとって仕事を続けるのは難しいことかもしれないと考えることが多くなりました。［沈黙］何か自分自身の将来設計ができなくなってきました。［微笑みながら］そんなに深刻でもないとも思いますが……。人それぞれですから。	CLが自分の内面に目を向け出し，新たな課題を話し出したので，時間の制約も考え，一回目は終了したほうがよいと考え出す。
CO 10	それでは，今度時間を取って，あなたのおっしゃる将来設計について考えてみてもよいかとも思うのですが，いかがですか。今日は30分ほどの時間でしたが，会社の育児休暇制度についての情報を求めにおいでになられたのですね。そして，休暇を取られた人についての同僚の態度とかご主人の会社でのご経験など，あなたのご経験をお話しくださっているうちに，「会社の雰囲気から制度よりもそれを活用する人と周囲の人々の態度のことが重要だ」という経験をなされ，その結果ご自身の将来設計にも関係することにお気づきになられた。ということを話し合ったように思うのですが，いかがでしょうか。	1回目の面接を終了するために，話を要約し，CLに確認を求めることで，振り返りを助け，次回の必要性を考えてもらう。
CL 10	そうですね……。話していて，自分なりに何か少しずつわかってきたような気がします。私の将来設計，出産も含めて，仕事との両立など気になっていたことに気づいたような気がします……。［考え込む］ありがとうございます。時間を取っていただいて。	
CO 11	ではよろしければ，次回は育児休暇とともに，将来設計のことで気になっていることを，話し合ってもよろしいですよ。	
CL 11	はい，ありがとうございます。やはり自分の年齢も気になっているのですね。少し整理してから，改めて時間を取っていただきたいと思います。次回はもっと整理してきちんとお話ししたいと思います。ありがとうございます。	相談当初と大きく違う話し方，つまり自分と向かい合って自分と話している様子から，本当に気になっていることが少しずつ浮かんできたが，まだ話す勇気がないのではないかと仮説した。
CO 12	一人で考えるのも結構ですが，私と話すことで整理がつくかもしれませんよ。今日のように短い時間でも，話していると，ご自分でお気づきになることがあると思います。来週でも，またお見えになられて，考えたことをご自由にお話になられてもよいと思いますが，いかがですか？	一人で考えることの危険性を懸念し，次回の予約を提案した。
CL 12	そうですね。その方がよさそうです。改めてお電話で予約します。いろいろ話したいこともありますので。	

Let's think

上記のプロセスを読んで，考えてみましょう。

☐ まず対話のみを読んで，あなただったらどのようなクライエント像を描きますか？
☐ あなただったら，何に焦点をあてて，どのように見立てますか？

D　カウンセラーの仮説

(1) 全体方針（カウンセラーとしての行動方針，留意事項含）

　予約当初および相談当日の様子から，しっかりした話し方をする半面，かなり不安げであり，相談の内容も抽象的であるので，30分で本題に入れる話ができるかどうか疑問である。今日は様子を見にきた可能性も捨てられない。そこで，まずは，不安感を減少させ，育児休暇について，人事課に聞けない内容について具体的に話せるようになることにとどめて話を進めることとした。したがって，私生活などには本人が話すまで聞かない。ただ秘密保持のことははっきりと伝える。

　勤務先や同僚についての不満のはけ口にはならないことに留意する。

(2) 考えられる問題の可能性（相談冒頭から焦点化のプロセスを経て出た仮説）

①組織内で，育児休暇をとることによるネガティブな側面を知りたい。
②出産を考えたいが，夫とは十分に話せていない。
③仕事と家庭生活の両立，自分たちの将来設計について考えたいが，夫の不明，まだきちんと話し合えていない。話し合うことの不安もある。

(3) 問題を焦点化していくうえでのポイント

　会社の育児休暇制度の取り扱い方の現状についての疑問，情報と，実際に活用した人の状況に対する周囲の感情的な反応とを混同しないように留意しながら（CO3, CO4），クライエント自身が自分の将来設計に関心をもち始めた様子が伺えるので，家に帰って，できれば配偶者と自分たちの将来の生活設計について話すことを課題として考えられる方向に焦点化する（CO7, CL7）。

E 事例のまとめ

(1) カウンセラーの見立て

◆社会的背景から

　育児休暇制度の導入はさかんに進められている一方で，その制度が，従業員各人の社会的発達を前提としているため，現場では，様々な問題が起きているのが現状である。このような社会的背景のなかで，本クライエントも，会社の育児休暇制度の利用方法や復職の条件などについての人事課の説明不足が直接の原因で，不安になっているように見えるが，本クライエントは，育児休暇制度がきっかけとなって，自分の内面で漠然とした年齢への意識および将来設計という課題が意識化されだしてきた。また，いずれ夫婦間で話し合わねばならない仕事と家庭，家庭生活などについて，夫との考え方に対する不安などが徐々に頭をもたげ始めてきたと見立てられる。

◆クライエント自身から

　育児休暇制度の情報よりも，自分の将来設計があいまいであることに気づく機会となったと考えられる。30歳を超えたという言葉からも明らかなように，今後の生活設計，ワークーファミリーバランスについて気になり始めたが，いくつもの心配や決断が必要となり，どこから取り組むかは明らかでない。

(2) 今後の計画

　育児休暇制度の利用の可否ではなく，まず就職してから現在までの職業生活，結婚生活を振り返りながら，自分の未来の生活を考える意味，自分にとっての働くことから得られる意味，家庭生活の意味，夫との話し合いの現状と今後の話し合いの進め方などについて，考え，今の時点で夫婦で共に考える機会をつくる方向に向かって，同時に将来設計を考えることに付随する不安や心配，新たな問題と直面できるように援助する。

事例15 育児休暇をとったらどうなる？

F 本事例の全体像

■考えられる問題の可能性
❶育児休暇についての情報不足（育児休暇のネガティブな側面について知りたい）
❷出産することについての迷い（夫と十分に話せていない）
❸出産後両立できるかの不安

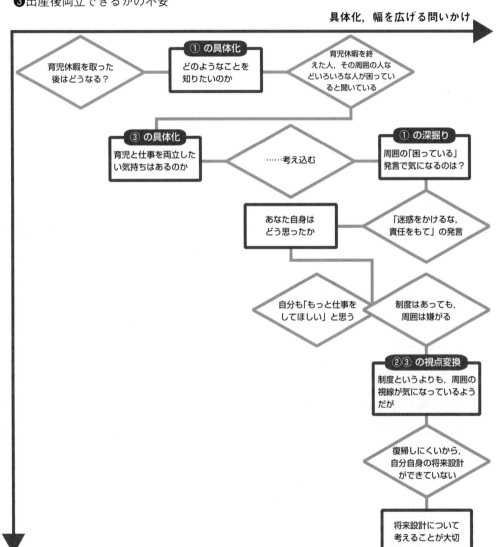

- ✓ 落ち着かない様子，考え込む様子，はっきりしない様子…などのノンバーバルの状況からしても，特定のテーマを明らかにするのではなくて，自分の経験や今自分が感じていることを話せるようになることに焦点をしぼった。
- ✓ ただし，本人の来談の趣旨とはずれない形で確認していくことを重視した。
- ✓ 本人のキャリアアダプタビリティを高めていくにはどうすればよいのかの，長期的な視点も意識した。

事例 16 仕事のモチベーションが上がらない

A 前提

相談環境
企業内のキャリアカウンセリングルーム(個室)。

申込時にクライエントから伝えられた情報
斎藤さん,35歳,男性,企業の研究職。相談したいこと:最近,仕事のモチベーションが上がらない。

相談の経緯
社内でカウンセリングが受けられるカウンセリングサービスがあることを知り,自発的に来談した。

B 来談当初の状況

場面設定
時間が空いたということで,時間が取れればと予約なしに来談した。
次の予約が入っており,15分程度の時間で面談を行った。

入ってきた(会った)ときの様子
初回でもあり,若干緊張した様子。疲弊している感じはそれほどない。

クライエントの最初の発言
予約しなければいけないことを知らずにすみません。最近,モチベーションが出なくなってしまって,どうしたらよいか相談したいと思いまして。

Let's think

AとBの情報から,あなたはカウンセラーとして
☐どのように話しかけますか？　　　☐それはなぜですか？

事例 16 仕事のモチベーションが上がらない

C 問題を焦点化していくプロセス

	クライエント（CL）とカウンセラー（CO）との対話	カウンセラーの自問自答
CO 1	よくいらしていただきました。あいにく時間が15分ほどしかとれません。時間が空いていれば、もっとお話を伺うことができるのですが。後日、予約を取っていただき、お話をできればと思います。ただ、折角いらしたので、すこしお話できればと思います。どうぞよろしくお願いいたします。【CL：よろしくお願いいたします】最近ということですが、以前と何かが変わってしまったのですね。	最近ということであったので、どのような変化があったのか明確にしたい。
CL 1	はい。私は、素材研究所の研究員をしています。大学院を出て、研究が好きで研究ができるところということで会社を探し、今の会社に入社しました。これまでは、自分の思った研究をすることができていました。とても楽しく、やりがいも感じていました。ですが、今年になって、部下ということではないのですが、リーダーとして後輩の研究者の指導をする立場になりました。	実務者から管理者への移行における変化。組織におけるキャリア変化とその対処が相談のテーマかもしれない。
CO 2	ああ、リーダーになられたのがきっかけですね。	
CL 2	今までは、自分の研究をしていけばよかったのですが、後輩ができると、その後輩の研究テーマを決めるのも、準備や指導もしなければなりません。研究の方法も指導していかなければなりません。研究そのものも後輩にさせなければならないですし。	管理者の役割をまっとうしていこうとする責任感が感じられた。一方、その役割に戸惑っている様子も伺える。
CO 3	リーダーとしての役割を果たそうと頭がいっぱいなんですね。	
CL 3	ああ。はい。自分でやりたいテーマはあるのですが、とてもそんなことをできる時間がありません。研究ができるということで会社を選び、それをさせてもらっていました。研究は楽しかったし、何か新しいものをつくり上げるのはとても達成感がありました。	研究者か管理者という今後のキャリア設計は、今後のテーマになるかもしれない。しかし、時間も限られており、モチベーションの回復に焦点をあて、今の状況をもう少し、聞いていこうと考える。
CO 4	楽しく、達成感を感じていた研究ができなくなってしまったのであれば、辛いでしょうし、モチベーションが下がってしまうのは当然かもしれませんね。今は、リーダーの仕事に相当時間を使っていらっしゃるのですね。	
CL 4	はい。大体、9割くらいはリーダーとしての仕事に使っています。	初級管理者としては、リーダーの仕事が多すぎる。何らかの思い込みがあるかもしれない。この職場では、リーダーは実際どのような仕事をしているのか気になる。
CO 5	そうですか。それでは、やりたい研究はほとんどできていないでしょうね。【CL：はい】リーダーになったばかりということもあると思いますが、それはとても多いように思います。やはり斎藤さんの研究所では、周りのリーダー方も、自分の研究はほとんどできず、斎藤さんのようにリーダーの仕事に追われている感じですか。	

119

	クライエント（CL）とカウンセラー（CO）との対話	カウンセラーの自問自答
CL 5	えっ。う〜ん。そうだと思うのですが，あまり，よくわかりません。正直言って，周りの人がどうかなどは，考えたことがありませんでした。自分の研究ができないことばかり考えていたので。ああ。そうですね。もっと周りの人がどうしているのか知るのも必要なことだと思います。	周囲の状況を見て，視野を拡げることは必要と思われたので，具体的に実行していこうと考える。
CO 6	そうですか。それでは，それらのリーダーが実際にどのように仕事をされているか少しお話を聞いてみたり，ご覧になったりしてみてはいかがかと思いますが，どうでしょうか。【CL：はい】それはできますか。	
CL 6	はい。それはできます。前に同じ研究チームにいた方でリーダーをやっている人がいます。その人に聞いてみたりしたいと思います。また，そのほかの人にも実際どのようにしているのか確認したいと思います。	実行可能ということであったので，どのようなことを聞き，確認するかを整理しようと判断。
CO 7	わかりました。では，次回までにやってみてください。話を聞いたり，見ていただくときのポイントを確認しておきたいのですが，一つは，そうした人が自分の研究をしていないのかどうかですね。【CL：はい】二つ目は，研究をしているとしたら自分の研究の時間をどうとっているのか。例えば，リーダーの仕事をどう削って，あるいは，リーダーの仕事のどの部分を自分でやり，どの部分を部下に任せているのかなど。	
CL 7	えっ。そんなことをしていいんですか。	想定以上にリーダーの役割に対する思い込みがあるように思われた。もっと柔軟に考えていく必要もあると理解。
CO 8	ああ，そんなことをしてはいけないとお思いになっていたんですね。	
CL 8	ええ，う〜ん。そんなことをしてはいけないとばかり思っていました。リーダーの仕事はリーダーがやるのが当然と思ったものですから。もし，そういうことができるのであれば，自分の研究の時間が取れるかもしれません。	思い込みに対する気づきはあったようだ。方向性も少し見えたようである。 今回は，ここまでとして，次回，具体的に考えていきたい。
CO 9	ああ，そうですか。少し，希望が見えましたか。【CL：はい】そのほかのポイントもあると思いますが，実際にどうなのかは，ご自身で確認していただくことにして，次回は，斉藤さんの研究の時間をどう取っていくか考えていくことにしたいと思いますが，いかがですか。【CL：はい，わかりました】斎藤さんが，お話をお聞きになったりするのにどの程度時間が必要でしょうか。	
CL 9	1週間ほど時間をいただき，予約をさせていただきます。また，よろしくお願いいたします。	

事例 16　仕事のモチベーションが上がらない

	クライエント（CL）とカウンセラー（CO）との対話	カウンセラーの自問自答
	〔2 回目の面談〕 ［明るい表情で来談］	
CO 10	前のお話だと，先輩のリーダーの方の話を聞いたり，他の方の仕事の様子を見てみることにしていましたが，どんな感じをもたれましたか。	
CL 10	その方の話を聞いてみたり，また，私よりも上の研究者の様子を聞いてみたのですが，その方でも自分の研究はしていましたし，研究に時間も使っていました。それでよいのだと思いました。今までリーダーの仕事に手をかけすぎていたように思います。そこまでしなくてもよいのだと思いました。	一時の混乱からは脱したようである。 当面，リーダーの役割と研究との折り合いはつけられそうと判断。
CO 11	ああ，それはよかったですね。自分の研究の時間は確保できそうですか。また，これまでのようにモチベーションを維持することはできそうですか。	
CL 11	はい。前のように自由に研究できるとは考えていませんでしたので，それは期待していませんでした。でも，これからも自分の研究ができると思えましたので，大丈夫だと思います。やってみたいと思います。 ただ，それは，よいのですが，今回，リーダーになっていろいろ考えてみると，将来，研究を専門にしていくのか，もっとリーダーとしてやっていくのかを決なければならないのかなと思うようになりました。	将来のキャリア設計についての相談と想定。 だいぶ落ち着いて考えられるようになってきていると判断。将来についていろいろ考えたということなので，話に沿って聞いていこうと考える。
CO 12	将来のことですね。【CL：はい】リーダーになっていろいろ考えたとおっしゃいましたが，どんなことをお考えになったのかもう少しお話しいただけますか。	
CL 12	ええ。はい。研究所で上に行く人は皆リーダーや管理職の経験を積みながら上がっていく人ですし，研究だけをしている人は，そこから外れた人という印象があります。これは，前々からわかっていたことですが，自分の研究ができなくなったことばかりに頭が行って，忘れていたというか，あまり考える余裕がなかったように思います。	CL は，主体的に話を進めていると思われたので，邪魔しないよう話に沿って進めていこうと考える。
CO 13	ああ。会社での地位とか待遇ということですね。	
CL 13	ええ。それと，私はまだ子どもが小さいので家族を考えると自分のやりたいことばかりを考えていくわけにもいかないと思いますし，え〜と。それとリーダーをやって思ったのですが，今はまだよいと思うのですが，より上の立場になるともっと研究できる時間はなくなっていくと思います。それはちょっとどうかなと。う〜ん。考えたのはそんなところです。	これからのキャリアについて考えた内容は理解できたので，CL の考えている項目に沿って，もう少し話を進め，キャリア計画について考えていこうと判断。
CO 14	ああ，そうですか。今いくつかのお話をされましたが，お話になられたのは，会社での地位とか待遇，ご家族のこと。研究者とリーダーの仕事のバランスの 3 つということでよろしいでしょうか。【CL：はい】重なることも多いと思いますが，それでは，どのことからお話を進めていきましょうか。	

D　カウンセラーの仮説

(1) 全体方針（カウンセラーとしての行動方針，留意事項含）

　モチベーションの低下が来談時の相談事項であったが，この年代，特に研究者の場合，管理者への移行については，仕事の変化が急であり，混乱や将来のキャリアに迷うことも多いと想定される。初回の面談では，モチベーションの低下によって混乱が生じていたため，モチベーションの回復に焦点をあて，その解決のための方策を考えていくこととした。

　2回目の面談では，少し落ち着いてきたので，将来，研究者を目指すのか，管理者を目指すのか，職業設計の問題を考えていくことになった。ただ，リーダーになって間もないため，管理職としての仕事の内容を十分理解しているとは言い難いことに留意する必要はある。

(2) 考えられる問題の可能性（相談冒頭から焦点化のプロセスを経て出た仮説）

> ①モチベーション低下の要因は何か。管理職の役割を全うしようという意思は強いが，その役割に対する思い込みがあるのではないか。
> ②移行期の発達課題への対処（35歳，研究職であることから管理職というキャリアへの変化は大きいと想定）
> ③これからのキャリア設計について考え始めたばかりであり，何を考えていけばよいのかわからない。

(3) 問題を焦点化していくうえでのポイント

　初回の面談は以前とは何が変わったのかを明確にし，モチベーションを取り戻すこと。
　2回目の面談では，落ち着いた状況になってきたので，改めて将来設計について冷静に考えていくことができると想定された。

E 事例のまとめ

(1) カウンセラーの見立て

◆社会的背景から

これまでも，キャリア発達段階の途中で，文系，理系にかかわらず，管理職，専門職の選択が求められることはあった。しかし，以前は単一の昇進システムが奨励され，それが従業員に当然のことと受け取られてきた。近年，これは変化してきているが，まだ，昇進やよい処遇のシステムに乗るには，管理職のルートが主流であり，専門的な仕事を指向する場合には，葛藤が生じるであろう。

◆クライエント自身から

当初，クライエントのやりたいことは明確であったが，リーダーになって落ち着いてみると少し変化が生じているように思われた。将来設計について考えていき，現時点での方向性が見出せればよいと考えられた。一方，管理者としての経験はまだ不足しており，今後，経験を積み重ねていくなかで，また，変化していくことも予想される。

(2) 今後の計画

モチベーションの回復という点では，落ち着きを取り戻しつつあるものの，将来に対する不安やとまどいが表明されており，3つの事柄に沿って，将来計画について考えていく。①研究が好きということであるが，それを目指すようになった経緯とこれまでの研究活動の振り返り，②研究自体について，これまでやってきた研究はチームやもう少し大きな研究テーマの一部を担ってきたと考えられるが，今後，大きな研究テーマのなかでの自身の研究をどう位置づけていくか，また，より，大きな研究テーマを推進していく研究管理者の役割をどう捉えていくのか，③家族の意向と将来についての話し合いの有無と内容，などを整理して現時点における将来計画を立てていくことを援助する。

ただし，混乱している状況から脱しつつあるものの，リーダーとしての経験も少なく，変化していくことも考えられる。また，会社の人事方針も本人の意向に沿うとは限らない。クライエントがこれらの変化に自ら対処できるようになるのが望ましいが，必要に応じ，計画作成後も一定期間を置いて振り返りの時間を持つことも必要と考えられる。

事例 17 就職指導で悩む教員

A 前提

相談環境
X公立学校の進路相談室。キャリアカウンセリングについて資格をもつ教員が生徒や保護者の相談に応じるシステムとなっている。本事例はキャリアカウンセラー不在の他校（Y校）の校長の依頼で，X校教師（キャリアカウンセラー）との相談が始まった。

申込時にクライエントから伝えられた情報
清水さん，38歳，男性，Y特別支援学校高等部教員。相談したいこと：3年生の就職指導。

相談の経緯
清水さんは，教育関係の私的研修の場で偶然X高校の教員と知り合いになり，X高校にはキャリアカウンセリングを勉強した教員がいることを知り，かつ，他校の相談にも協力できると内諾を得た。まず学校間の管理職の許可を得ることで同意し，清水さんは自分のY学校の校長に相談した。その結果，校長がX校の校長に依頼の連絡をとり，清水さんが直接，X高校のキャリア相談室担当の教員（キャリアカウンセラー）に相談を依頼した。

B 来談当初の状況

場面設定
X高校の近くの特別支援学校長より，「自校の教師が，生徒の就職について専門家に相談することを望んでいる。できるだけ早く，6月中に会ってもらいたい」と，電話で依頼があった。そこで，X高校の中間試験中の午後を利用して会うこととした。

入ってきた（会った）ときの様子
清水さんは，約束時間ぎりぎりに間に合ったこともあって，息せき切って部屋をノックした。まず椅子を勧め，カウンセラーの方から再会のあいさつと自己紹介をして，清水さんの落ち着くのを待った。続いて清水さんが自己紹介とお礼を述べた。

クライエントの最初の発言
進路指導の研修で偶然，先生（カウンセラーの教師）とお会いし，他校の教員の相談にものってもらえると伺いました。そのことをうちの校長に話し，「相談したい」と話したところ，こちらの校長に連絡を取ってくれました。他校の教員のために時間を取っていただきありがとうございます。

C 問題を焦点化していくプロセス

	クライエント（CL）とカウンセラー（CO）との対話	カウンセラーの自問自答
CO 1	はい，校長より先生からのご依頼を伺い，3年生の就職指導のことで情報を提供してあげてほしいと言われました。私は先生の学校についてはほとんど存じあげていませんので，どのようなお手伝いができるか心配です。でも，私も教師ですから，直接お会いすることが一番よいと考えました。ですからお話しできることは，正直うれしかったです。具体的に先生からお話を伺えば私に何がお手伝いできるか，わかると思いました。ただ私は特別支援学校での勤務経験はないので，何かわからない時にはお伺いしますので，教えてください。	CL自身の課題なのか，特別支援学校の就職指導についてのコンサルテーションなのか，特定の生徒の就職のことなのか，来談の趣旨がわからず迷いながら開始した。したがって，両方とも教師という身分であることが困難な場合もあるので，まずはCLが安心して話せることを重視した。
CL 1	時間を取ってくださいましてありがとうございます。自分の学校はみな忙しく相談もできないですし，私が就職指導の担当なので，相談もできないです。実は高校部3年の女子生徒のことですが，先日母親が来校して，「卒業したらパン屋で働きたい，と言っているけど働き口があるのでしょうか。無理して働かなくてもよいと思うのですが，女の子ですし」と言ってきました。当校では，就職することを目指して，指導してきているのです。「なぜ就職しなくてよいと思うのか」を聞いたのですが，お母さんは，「就職先があるとは思えない，なかったらかわいそうです。淡い夢なら就職させないほうがよいと思う」ということだけなんです。ちなみにうちは知的障がい生徒が対象で，就労を重視しています。	まだCLが来所したことの理由が明確にならず，むしろ複数のテーマが含まれているように思われる。明らかなことは相談を6月末までと急いでいることである。そこで，とりあえずCLの話に出てきた生徒とその親について話された内容にとどまって，CLの考えや想いを具体的に話してもらえることから始めることが望ましいと判断する。必要とあれば，生徒の就職支援への援助はその後で取り上げることに決める。
CO 2	親御さんは，娘さんの卒業後のことが心配なのでしょうね。お話によると，本当に就職できるのかどうか，夢なら今のうちにあきらめさせた方がよいのではないかと迷い出しているのでしょうね。保護者の立場となるとどうなのでしょうか？	CLが就職指導において，何に悩み，どんな援助を求めているかを，自分でわかる必要があると判断した。そこで，まず，CLが保護者をどのように捉えているかを語ってもらうことから始める決心をした。
CL 2	そうですね……。［考え込む］でもうちの学校は，生徒が就職できることを目標としています。私としては母親の心配もわかるのですが，多くの親はそうですし。でも生徒がうちの学校を希望し，入学した時点で，「うちは就職できるようになることを目指しています」ときちんと説明していました。生徒には職場実習も3年間かけて丁寧に行っています。ですから，心配しすぎのような気がするのです……。	CLは相談に来た母親の心配や想いに目が向けられないでいるようだ。このままでは生徒の就職指導も母親の心配にも応えるのは困難と判断した。

	クライエント（CL）とカウンセラー（CO）との対話	カウンセラーの自問自答
CO 3	学校としては，生徒の将来の就職のための指導を十分していることを，保護者は理解しているはずだと思われるのですね。その準備として，時間をかけて実習をし，その過程で，生徒はパンづくりの実習もしてきたわけですから，先生としては，保護者には生徒の希望がかなえられることに協力してほしいと思われるのでしょうね。	CL は相談したいことを具体的に話せないでいるように思われるので，今までの話から，カウンセラーの方から，CL が考えていると想像したことを，思い切って話すこととした。
CL 3	ええ。生徒の中には3年になっても，希望が言えない子もいます。その場合は別ですが，この生徒は，「就職したい，特にパン屋で働きたい」という将来の希望も言えているので……。実は，実習に行ったパン屋でも，受け入れてもよいと言ってくれているのです。	CL が相談したかったことは，保護者との向かい方と，学校の方針をどのようにわかってもらえるかなど，保護者対応がわからない，ということではないかと仮説を立て，保護者との関係に焦点化していくことにした。
CO 4	就職指導を担当する清水先生としては，生徒が自分の希望を言え，その希望がかなう受け入れ先も決まりそうなので，保護者には喜んで協力してもらいたいと期待してしまいますよね。それなのに，保護者の方の心配を聞き，就職しなくてもよいというような言葉を聞くと，教師として，その保護者にどのように対応したらよいかお困りになられたのでしょうか？	CL が相談に来た目的に目を向ける必要があると考えて，CL の内面に焦点をあてることとした。それなしに，就職指導のための技法や親との接し方を紹介することは意味がないと判断した。
CL 4	ええ，学校としては，最終的には保護者の承諾が必要ですから……。［沈黙，考えこむ］生徒が望むところに就職できそうなので，ほっとしていたのですが，就職指導では，生徒の希望を第一として，就職先を探すのが望ましいです。が，現実は，希望する職場を見つけるのは難しく，時間と努力がいります。ですから，この生徒の就職指導は，学校と事業所の関係がよく，本人も希望しているところなので，私たちは喜んでいて，保護者から喜ばれると思っていたのですが，いざとなると保護者はなかなか理解できなくて……。	CL は母親の本当の想いや親としての感情を受け止められないようである。逆に表現された言葉そのままに反応して，虚しさを感じてしまっている様子。
CO 5	先生のお話を伺っていると，私には，保護者は就職させることを心配し出しているということのようですが。就職先がパン屋であることが嫌だというわけではないように思えるんですが，私の誤解でしょうか？	CL が相談したいことが不明確なので，CO は，そこまでの CL の言ったことを要約して伝え，CL が母親の態度に苦労している自分に気づくことによって，相談を進めたいと考え，母親に焦点をあてることとした。
CL 5	パン屋が嫌だとは言っていなかったと思います。「無理して働かせなくともよい」と言ったので，私は生徒にどう言えばよいか「お母さんは賛成ではない」と言えばよいか，生徒に母親の想いをわかってもらえるように言った方がよいかなど，困っています。就職指導としては，保護者の了解と協力が必要なのです。でも生徒の希望もかなえてやりたいし……。	CL は，親の想いと話の内容を理解できず，むしろ，学校への不満と誤解しているように見える。就職指導者の任務遂行を優先していて，母親の心配が聞けていない CL に焦点をあてる必要があると判断。

事例17　就職指導で悩む教員

	クライエント（CL）とカウンセラー（CO）との対話	カウンセラーの自問自答
CO 6	先生としては，保護者の要求に対してどうしたらよいか，お困りのように思えるのですが？　例えば，「生徒の希望をうけいれてやってください」と言ってよいものかどうかも悩むところですね。	CLの相談の目的を明確化することに焦点をあて，自分の悩みと向かい合うように，対決する。
CL 6	［沈黙，考えこむ］実は私は今の学校に赴任して3年目で就職指導担当になったんです。前の特別支援学校では，就職指導にはそれほど熱心ではなかったので……。	CL自身が自分の職務や職場に適応しきれないでいるというCL自身の内面状況に気づきだしたと仮説する。
CO 7	就職指導についての対応や目標は学校によって異なるのかもしれないですね。今の学校は就職指導に熱心なのですね。そうだとすると，校長とか以前に担当した先生などとご相談する機会などはないのでしょうか？	現在の職場での行動を示唆することで，生徒の進路指導が前進するという仮説を考える。
CL 7	みな忙しいので……。校長は，生徒の希望と合い，先方も受け入れてもよいと言っているのなら，保護者を説得するようにと言われるのですが……。保護者の心配もわかるので，自信をもって説得するには根拠がもっと必要に思うのです。何しろ就職指導は初めての経験ですから。	課題はCLが就職指導についての理解不足と，保護者の想いを理解できていないための対応力不足にあると考える。進路指導は時間との戦いなので，保護者への対応の仕方を具体的に示す必要があると考える。
CO 8	説得するのは難しいですね。私が先生のお立場だったらどうするかお話ししてもいいですか。	具体的な行動の例示に対するCLの態度で，さらなるCLの課題や必要な援助の判断ができる可能性がある。
CL 8	はい，ぜひ聞きたいです。困っています。時間も迫っていますので，ですから，研修会に自主参加し，そこで出会った先生に相談したら，あなたのことを紹介してくれたのです。	CLの積極的な姿勢から，母親との対応の仕方について具体的に話すことができると考える。
CO 9	まずお母さんが心配していることは何かを考えてみませんか？　就職を反対しているわけではないと思うのです。	

Let's think

上記のプロセスを読んで，考えてみましょう。

☐まず対話のみを読んで，あなただったらどのようなクライエント像を描きますか？
☐カウンセラーの自問自答を読んで，カウンセラーの発言の意図を確認してみましょう。
☐あなただったら，何に焦点をあてて，どのように見立てますか？

D　カウンセラーの仮説

(1) 全体方針（カウンセラーとしての行動方針，留意事項含）

　クライエントはなかなか自分の相談したい内容や目的をきちんと話せない，言い換えれば自分と向かい合えていない様子であるので，とりあえず，クライエントの話した内容を整理し，話された複数のテーマの一つひとつに深入りせず，それぞれの関係性を明確化する必要があるように，話を整理した。

　他校の教師であるので，あまり学校の内情の話には触れないことと，高等部3年の6月末に相談を急いでいることに留意し，就職指導上の話に焦点化することとした。

(2) 考えられる問題の可能性（相談冒頭から焦点化のプロセスを経て出た仮説）

①クライエントが母親の話をきちんと聞けていないこと。
②就職指導についての一般的知識および就職校独自の方針についての理解不足。
③問題を把握することを避けて，解決の技法にこだわっていること。
④職場内の対話不足。
⑤保護者との一般的な対話力の不足。

(3) 問題を焦点化していくうえでのポイント

　なかなか自分自身が本当に相談したい課題を見出すことができないでいる。自分と向かい合うことが困難な状態にいるクライエントであり，一歩あやまると学校体制や保護者への不満の吐け口となりかねないことを避けること，そこで，

①進路決定の時間が迫っているという現実を直視すること。
②学校と保護者，生徒との関係をよい方向に進める必要があることなどを考慮し，現時点では，教師の就職指導に関する知識不足に関しては触れない。母親の生徒の就職に関する心配の内容を理解し，母親が就職に協力的になるような話ができること。

に焦点をあてることを目標とした。

E　事例のまとめ

(1) カウンセラーの見立て

◆社会的背景から

　障がいをもつ人と社会との共生の重要な手段として，高等部の生徒が就職できるように教育指導することが高等部の大きな役割となり，同時に保護者の期待も大きくなっている社会的背景がある。しかし，現実は，特別支援学校における生徒の社会への移行の支援内容，雇用する側の理解，保護者側の理解と協力はバラバラになりがちで，三者との対話と協力についての支援が進んでいるとは言いがたい。このケースでは，こうした社会背景のなかで，保護者のもっている障がい者への社会からの偏見に対する心配，教師側の就職指導についての知識と指導力が不十分であることなどが問題の背景にあると考えられる。

　しかし，まずは対象となっている生徒の将来を考えると，学校から社会への移行に当たっての就職支援教師の知識と能力不足は後に回し，教師が保護者の想いを理解し，子どもの就職に向けて積極的に協力できるような保護者との関係づくりが大切であると見立てる。

　課題は，クライエントの教師が母親との関係づくりに必要な具体的な話し方や接し方について，ある程度の基礎的な実践力を身につけることである。

◆クライエント自身から

　援助を求めて，研修や相談に積極的になっているクライエントであることから，たえず目の前の母親との関係を通して，特別支援学校の就職指導に必要な保護者との対話力と保護者を支援する方法を身につけ，それを実践することで，職務に自信をもってもらう必要があると見立てる。

(2) 今後の計画

　母親と生徒が一緒に，実習先であり就職先となりうるパン屋を訪問し，母親が安心感をもち，子どもの希望をかなえる気持ちになることを目指す。そのためにX校の教師であるカウンセラーは，クライエントである教師が母親とどのように対話したらいいかを練習する時間をつくる。

　まずは，カウンセラーは，母親の心配の内容（母親の心配は就職そのものではなく，子どもの将来のことである）をクライエントに説明する。そのうえで母親に，生徒が就職する可能性の高い雇用主であるパン屋を訪問し，職場の雰囲気を実感し，経営者と面接をすることを提案することの意味を説明する場合の話し方を練習する。

　具体的に，カウンセリング場面で練習をする必要があると考える。そのために，クライエントである教師が，雇用主を訪問することの意味を母親が理解するように，母親と話す場

面を想定してロールプレイングを実施する。具体的には，カウンセラーが母親の役をとり，クライエントが母親の想いや心配を配慮しながら，職場見学を提案する意味を説明して，雇用主を訪問する意味を納得するような対話ができるようになることを実感してもらう。さらに可能ならば，この相談を通して，保護者の気持ちを理解し，保護者との対話の重要性に気づくことで，学校における就職指導の在り方とその重要性を理解してもらうことを目指す。

コラム⑤　障がい者に対するキャリア支援

――障がい者を雇用する立場にある特例子会社経営者の方に，障がい者へのキャリア支援についてコラムをお寄せいただきました。

特例子会社の社長を兼務している関係上，障がい者とは日常的に接しており，また障がい者の「よりよい働き方」については，日々いろいろなことを感じ，考えている。特例子会社には設立から携わっており，このビジネスには格段の思い入れをもっている。設立から5年がたつが，経験から多くのことを学び，それなりに経験値も上がってきた。ただ，まだまだ障がい者のキャリア支援を体系的に語れるほどの者ではないので，自分の経験から思うところを少し整理してみたい。当社の特例子会社は，精神障がい者が過半を占める特例子会社であり，採用する社員のほとんどが，しばらく働くことができずに休んでいた人，もしくは初めて仕事をする人になる。障がい者のメンバーは20人だが，年齢は19歳から59歳と幅広い。障がいの種類も様々で，本当に多様なメンバーが揃っている。

マネジメント上で意識している最大のことは，一人ひとりに「働いて，貢献して，稼ぐ」という思いで仕事に取り組んでもらうことだ。経済的な自立が何よりも重要であり，福祉の世界ではなくビジネスの世界できちんと稼いで自分の力で給料を得てほしいと思う。それができると信じる人を採用しているつもりでもある。もちろん，一人前の仕事ができるようになるまでかなり時間がかかるメンバーもいるが，少なくともそういう気持ちで仕事に向きあって欲しいと思う。それであれば，時間がかかるのは許容している。

働き始めたときは，多くのメンバーが働けること自体の喜びを素直に感じてくれる。ほとんどのメンバーが，普通のビジネスパーソンが経験していないような苦労と辛い日々の末にようやく仕事に就くことになったわけだから，緊張と不安はあるものの，そこには働ける喜びが純粋にある。この気持ちを大事にすることも大切だ。

働く喜びを素直に感じてもらうこと，働き続けようという意識と意欲をもってもらうこと，そのうえで成長しようという意識と意欲をもってもらうこと，これが障がい者のキャリア支援の根底にあると思う。その意味では，将来をどうプランニングするかということは少し横に置いてもいいから，今をどう自分らしくしっかりと生きようとするか，そして自分ができることを少しでも拡げていこうとすることへの支援が大切だと思う。その延長上にしか未来はないとも思う。

内省の場を多くもつことと，自己認知をきちんとできるように促すことが，マネジメントの重要な2本の柱だ。内省の場としては，日々の日報と定期的な面談が機能している。毎日の仕事終わりの就業時間中に時間をとってしっかりと全員が日報を書く。それにマネジメントスタッフがコメントを返す。時間をかけて今日という1日を振り返ることにより得られることは多

い。また，仕事の感情を家にもち帰らない，引きずらないという効果もある。精神障がい者のメンバーが，考えすぎて体調を崩すことを予防してもいるわけだ。日報には前日の睡眠時間と体調を書く欄がある。日々の記録はデータ化され，グラフで示される。客観的に睡眠時間と体調のデータを確認することによって，いかに睡眠時間を確保することが大切かも自然に理解できてくる。面談は，社内の管理スタッフと外部専門家の双方がそれぞれ行う。面談のなかでは，かなり積極的な介入，場合によっては指示も行う。ただ，あなたを大切にしているという思いだけはしっかりと伝える。だからこそ，厳しい話もできるし目標の明示もできる。

　新人が入ると相互理解ワークというワークを実施する。当社では自分の障がいをできるだけオープンにし，何をされるとつらいのか，何の配慮があるとうまく仕事ができるのか，何は苦手なのか，何が得意なのか，それぞれの障がいの特性とそれぞれの個性をお互いが理解できるようにしている。それがないとチームでの仕事が成り立たない。身体障がい者の場合は，誰から見ても大よそ何が苦手なのかの推察がつくが，目には見えない障がいである精神障がいの場合，その障がいを理解しないで応対したための誤解が大きなトラブルにつながる可能性もある。まずは，自分の障がいの特性を改めて理解し，職場においてどんな配慮をして欲しいのか，何があるとよい仕事ができるのかを語り，仲間に理解してもらうのがこのワークの目的だ。

　長く働くこと，安定してパフォーマンスを出せるようにすること，日々少しずつでもいいから進化していくこと，この3つが大切だ。この3つを実現させるためのすべての施策が，キャリア支援施策でもある。すべてのメンバーをビジネスの世界で働くことから安易に離脱させたくない。体調が崩れたら，すぐに支援機関や主治医とも相談し，必要があれば躊躇せずに休む。けっして長期休業にはならないように早め早めに対処することが大切だ。働きたいという思いと意欲があれば，きちんとした体調管理もするようになるし，焦りからの無理もしなくなる。会社，家族，支援機関，主治医，それぞれに上手に頼りつつ，多くの人の支えを得ながら自立する，そんな手だてを支援する。会社としても，支援機関との連携は当然だが，必要があれば，家族にも会うし，主治医にも会う。

　いい仕事をしてもらう，それを末永く続けられるように支援する，これが特に障がい者社員に対するキャリア支援の精神だと思う。

（株式会社ぐるなび執行役員，管理本部人事副部門長・株式会社ぐるなびサポートアソシエ代表取締役　田中潤）

事例 18 一刻も早く復職したい

A 前提

相談環境
金融機関の社内にある健康管理室内でのカウンセラーによる面談。

申込時にクライエントから伝えられた情報
阿部さん，41歳，男性，法務部課長代理。相談したいこと：特になし。

相談の経緯
週1回非常勤のカウンセラーとして勤務しているカウンセラーのもとへ，産業医から「6か月うつ病にて休職をしている社員だが，復職を焦っているので面談してほしい。会社としては，休職期間は十分あるし，以前も休職経験があるため，リワークなどを使って十分に準備をしてから復職してほしい，と考えているが，耳を貸そうとしないので，まずは話を聞いてやってほしい」と半ばお手上げの状態で面談予約が入る。カウンセラーとの面識はない。

B 来談当初の状況

場面設定
健康管理室内の個室。平日の午前中早めの時間。

入ってきた（会った）ときの様子
休職中であるにもかかわらずスーツを着て来談。抑うつ的な感じはそれほど受けないが，かなり「気合い」を入れて出社してきた様子が見て取れる。全体的に緊張感が高い印象。

クライエントの最初の発言
産業医の先生から言われて今日は来たのですが，私としては，こういうことを言うのも申し訳ないのですが，カウンセラーの先生と話して何か意味があるのかな，と思っているんですが……。何をお話ししたらよいんでしょうか。

Let's think
AとBの情報から，あなたはカウンセラーとして
☐ どのように話しかけますか？　　☐ それはなぜですか？

事例18 一刻も早く復職したい

C 問題を焦点化していくプロセス

	クライエント（CL）とカウンセラー（CO）との対話	カウンセラーの自問自答
CO 1	阿部さんとしては，カウンセリングで何を話すことがあるのか，というお気持ちでありながら，気が進まないながらも，こうやって来てくださったのですね。朝9時からのお約束でしたから，いらっしゃるだけでもたいへんだったのではないでしょうか。	まずは，CLが面談に来たことが勇気ある大切な行為であることに気づいてもらうことが大切であると考える。
CL 1	いや，たいしたことありませんよ。私としては，もうすぐにでも復職できる，と思っているので，朝9時でしたら，復職してから出社する時間より1時間も遅いんですから，たいしたことありませんよ。[挑戦的な感じで言い切る]	「すぐでも復職できる」というCLの気持ちを聞いていくことから。
CO 2	そうなんですね。阿部さんは，「すぐにでも復職できる」と思っていらっしゃるのですね。	
CL 2	そうですよ。このように朝だってちゃんと起きれるし，スーツ着て会社に来ることができるんだから，明日にでも復職できるのに……。主治医も産業医も「ちゃんと準備してから」と引き延ばすんです。[語気を強めて]	本人の認識と専門家の認識になぜギャップが生じるのか，CL自身に考えてもらう。産業医の言う「耳を貸さない」というのは，このギャップから生じていると考えられるため。
CO 3	主治医の先生も産業医も両方とも「ちゃんと準備してから」とおっしゃっているんですね。阿部さんとしては不本意でしょうけれども，どうしてそのようにおっしゃるのでしょうね。	
CL 3	慎重になっているんでしょうね。2度目なので。お聞きになっているかわかりませんが，私は3年前にも休職しているんです。その時も十分に準備をして復職をしたんですが，半年前にまた休職になってしまって。	慎重になる専門家，復職を焦るCL。CLの気持ちに焦点をあてながら，これまでの経過を聞いていく。
CO 4	十分に準備をされて戻られて，2年半頑張られたのに再度休職，ということですと，阿部さんとしては残念だったのではないでしょうか。	
CL 4	残念……。というよりは無念ですね。私は入社してからずっと法務を担当してきたのですが，法務としてはエキスパートである，という自負がありました。それが，3年前，あー，休職に入ったのは4年前ですね。4年前にややこしい法務案件が重なってしまって，上司ともそりが合わなくて，それでうつになってしまったんですよ。それで1年も休んじゃったら，戻ってみたら後輩たちがずいぶんと成長していて，焦りましたよ。何とか追いつかないと，という思いだったんですけど，最初はやれ残業制限だのがかかっていて，思うように仕事ができなくって。6か月ぐらいしてやっとはずれて仕事ができるようになりましたね。そこから必死にがんばってたら，2年くらいして調子が悪くなってしまって……。	カウンセラーと話すことに意味があるのか，と思っていたCLだが，自分の気持ち「無念さ」を話すことができ，自分のことを話し始める。CLの経過を気持ちにそって聞いていくことにより，CLの過去の経緯を理解するとともにうつに至るパターン（仕事の仕方，対人関係など）をアセスメントする。

133

	クライエント (CL) とカウンセラー (CO) との対話	カウンセラーの自問自答
CO 5	追いつかないと，と必死に頑張られていたら，調子が悪くなってしまわれたのですね。	
CL 5	最初のうちは追いつかないと，という思いでしたが，後の方は「とにかく自分がやらないと」「自分が一番知っていないと」という思いでしたね。なにせ私が法務でのキャリアは部長の次に長かったので。上司の課長は悪い人ではないのですが，正直，頼りにはならず。とにかく頑張っていたら，調子悪くなってしまった。だから休めば大丈夫だと。もう6か月も休んだから大丈夫。これ以上休んだら，また前回の時みたいに追いつくのが大変になるし，今だってもうこうやって早く起きれているし，図書館にだって行っているし，これ以上何をちゃんと準備が必要なんだろう……。	本人の言う「準備」と専門家の言う「準備」に焦点をあてていき，CL にとって必要な「準備」を模索していくため，CL に一度自分で考えてみてもらう。
CO 6	阿部さんとしては，十分休んだし，大丈夫だと思っていらっしゃるのですね。でも主治医や産業医はちゃんと準備を，と言う。主治医や産業医の言う「ちゃんと準備」というのはどんなことなのでしょうか。	
CL 6	それがよくわからないのですが……。リワークに行け，とか言うんですよ。でも，私は自分で毎朝7時には起きているし，散歩もしているし，図書館にも行っている。主治医にもそれらを記録した生活管理表を出していて，それで十分じゃないかと思っているんですよ。わざわざ交通費かけてリワークに行く意味があるんだろうか，と思ってしまう。	CL のがんばりは認めつつも，必要な「準備」に目が向くように1回目の復職をレビューする視点を提供する。 リワークの知識，情報提供をすることもひとつの選択肢と考えられるが，あえて情報提供はこの時点では行わない。
CO 7	阿部さんとしては，自分なりに準備していて生活リズムも整えているからリワークに行く必要はない，と考えていらっしゃるのですね。1回目の休職の時にはどんな準備をされたのでしょうか。	
CL 7	同じですね。復職する前3か月ぐらいは，自分で図書館に通ってやってました。	1回目の復職時の準備に不足していたものを考える支援を行う。
CO 8	もう少し何か準備しておいた方がよかったな，ということは何かありますか？　今から考えると。	
CL 8	いや……。もう少し運動でもしておけばよかったのかもしれない。体力をつけておけばよかったかも……。	休職に至った行動パターンや認知パターンの見直しは進んでおらず，CL はその必要性にすら気がついていない状態である。主治医，産業医はその必要性を感じてリワークをすすめていると考えられるが本人にはうまく伝わっていない様子が見られるため，必要な支援についての情報を提供する。
CO 9	そうですね。体力は大事ですよね。あと阿部さんのされたように生活リズムを整えられるのも。そのあたりは十分にされていらしたと思うのですが，復職というか，再度同じようにならないために必要な準備として，自分が休職に至ったパターンを振り返ったり，同じようにならないために新たな対処行動や考え方を身につけたり，という準備も必要かと思うのですが，そのあたりはどうでしたか？	

	クライエント（CL）とカウンセラー（CO）との対話	カウンセラーの自問自答
CL 9	そのあたりは，前回も今回もやっていませんね。確かに，前回はいいとしても，今回は2度目なので，もう二度とこういうつらい思いはしたくないですし，さすがにもう一度繰り返すと私も後がないと思うので，繰り返さない準備は必要かもしれません……。それがリワークということになるのでしょうか？	リワークのプログラムについて正確な情報を提供する必要がある，と判断。
CO 10	そうです。リワークでは，同じような立場の方々が集まって，休職に至ったパターンを考えたり，それを繰り返さないためにはどのようにしていったらよいのか，をグループの力を借りながらやっていきます。今日こうやってお話しを伺わせていただいたように，一対一のカウンセリングで行う場合もあるのですが，同じような立場の方々が語り合うことによって，「人のふりみて」ではないですが，気づくことも多いのでは，と思います。	

Let's think

上記のプロセスを読んで，考えてみましょう。

☐ まず対話のみを読んで，あなただったらどのようなクライエント像を描きますか？
☐ カウンセラーの自問自答を読んで，カウンセラーの発言の意図を確認してみましょう。
☐ あなただったら，何に焦点をあてて，どのように見立てますか？

D　カウンセラーの仮説

(1) 全体方針（カウンセラーとしての行動方針，留意事項含）

　産業医からは，「リワークに同意しないのでとにかく話を聞いてほしい」との要望だったが，クライエントはカウンセラーと話す意味はない，と感じているところからのスタート。とはいえ，クライエントは，実際にカウンセリングに来談しており，「復職したい」という気持ちを強くもっている。カウンセラーとしては，クライエントの復職したい，という気持ち，休職せざるをえなかった気持ちに焦点をあてながら，クライエントの休職，復職のストーリーを聞きつつ，クライエントの復職に向けて必要な支援をアレンジしていく。

(2) 考えられる問題の可能性（相談冒頭から焦点化のプロセスを経て出た仮説）

① とにかく早く復職したいと焦っている。
② その背景には，法務のエキスパートとしての自分の立場がなくなるのでは，という恐れがある。他にも焦る要因がある可能性も（経済的な理由，家族の理由など）。
③ クライエントなりに復職準備を進めているものの，心理的な準備（休職要因レビュー，対処方法獲得など）は必要性にすら気がついていない状態。
④ 主治医，産業医のクライエントの理解，必要な支援の情報提供不足（おそらく主治医，産業医は行っていると思われるが，本人に入っていない）。

(3) 問題を焦点化していくうえでのポイント

① まずは来談したことをねぎらう。言い換えればクライエントが復職するために努力していることをねぎらう（CO1）。
② クライエントの「すぐにでも復職できる」という気持ちを聞いていく（CO2）。
③ 本人の認識と専門家（主治医，産業医）の認識のギャップがどこから生じるのかをクライエント自身に気がついてもらうようにする（CO3）。
④ クライエント自身の休職，復職にまつわる「気持ち」を聞いていくことで，クライエントを理解しようとする（CO4）。
⑤ クライエントに必要な支援を模索し，心理的支援の必要性について情報提供（CO5-8）。

事例18 一刻も早く復職したい

E 事例のまとめ

(1) カウンセラーの見立て

◆社会的背景から

クライエントの所属する金融機関は合併を体験しており，長年勤務した法務部でうつ病を発症した背景には，企業側の変化が影響していることも考えられる。上司との関係性を考える時も，合併の影響を考慮に入れる必要がある。

◆クライエント自身から

「とにかく早く復職したい」と焦っている。その背景には，法務部のエキスパートとしてがんばってきたものの，2度の休職を体験し，法務の専門家としての社内のポジションが危うくなるのでは，という恐れがある。さらに，40代前半で課長代理であり，今後の自分の「出世」に対する危機感と行き詰まり感もあると考えられる。家族のことについては，ここまでの段階では語られていないが，40代前半ということから考えると，扶養すべき家族を抱えている可能性は高く，父親としての役割がますます大きくなってくることも想像される。

復職に向けては，本人なりに必死に準備しているものの，行動レベルの準備にとどまっており，そこに関しては，主治医からも産業医からも本人が納得するような説明がなされていない。主治医や産業医はリワークを勧めるなど，その必要性を認識し本人に説明しているとは思われるが，本人の耳には届いておらず，結果として十分な準備がなされないままとなっている。本人の復職に対する焦り，その焦りはどこから来るのか，といったことを十分に理解したうえで，さらには，とにかく行動で「がんばる」というクライエントの特性を十分に理解したうえで，その部分は認めつつも，それだけでは不十分であること，もう少しシビアに言えば，その行動パターン自体がうつ病に至る誘因の一つであることをクライエントに理解してもらうような支援が必要と思われる。リワークはその一つであるが，どのような支援にしろ，主治医の了解が必要であり，主治医の方針と齟齬が生じる支援は，クライエントを混乱させるだけでなく治療に悪影響を及ぼす可能性もあるので，注意しなければならない。

(2) 今後の計画

クライエントは自分がこれまでがんばってきたことをカウンセラーに十分に聞いてもらったうえで，初めて新たに必要な支援に耳を傾ける準備ができたと考えられるため，新たな支援であるリワークについて説明するとともに，リワークをうけるにあたっての抵抗感や阻害要因についても丁寧に聞いていく。対人緊張の高さ，経済的理由（行政のリワークの場合，参加費は無料であるが，交通費が必要になる）などが阻害要因になることがある。そのうえでリワークにつなげるところまでを目指す。

コラム⑥　リワークについて

　リワークとは，在職中に精神症状が悪化し休職に至った精神障がい者を対象に行う職場復帰支援のことである。現在は，医療機関（病院・クリニック），障害者職業センター，精神保健センターなどで実施されている。

　休職中の社員を職場へ復帰させるためのリハビリテーションとしては，1997 年に NTT 東日本病院が作業療法の枠組みで始めた職場復帰支援プログラム（RAP）を先駆けとして各地の医療機関に様々な形で広がった（うつ病リワーク研究会　http://www.utsu-rework.org/about/index.html）。

　2001 年には，障害者職業センターにおいて，リワークプログラムの試行がスタートし。その目的は次のように示されている。

　精神疾患により，休職されている社員の方に対し，復職準備のためのウォーミングアップを行うとともに，事業所に対し，復職に係る専門的な助言や援助を行うことにより，当該社員の復職が円滑に進められるように支援していくことを目的とする

　リワークプログラムの内容は，実施される機関によって異なるが，通所によって生活リズムを整えることを基盤とし，集中力や注意力の回復を目指した作業課題やストレス対処の習得や働き方の再検討など目的としたグループワークや個別面談が行われる。

　障害者職業センターでのリワークは，主治医を代えずに参加できること，参加費などの費用が発生しないこと，が大きなメリットである。一方，医療機関でのリワークは医師，臨床心理士，精神保健福祉士など専門家により，医療機関によって特徴をもったプログラムが提供されている一方で，費用の負担があること，医療機関によっては転院を条件としていることなど，プログラム利用において制限がかかる場合もある。

事例 19 私がやるしかない業務だとわかってはいるのですが……

A　前提

相談環境
企業内のキャリア相談室。

申込時にクライエントから伝えられた情報
森さん，43歳，男性，大学卒，入社21年目。相談したいこと：今後の自分自身の仕事や将来についての見通しが立たないので，いろいろと考えてみたい。

相談の経緯
会社にキャリア相談室があるのでキャリアカウンセリングを受けに来た。

B　来談当初の状況

場面設定
仕事が終わった後，帰宅前に来室。平日の19時。

入ってきた（会った）ときの様子
たまたま仕事が早く終わったので，ちょっと相談してみようと立ち寄った。予約はしていない。切迫した様子もなく，穏やかで落ち着いた感じであった。

クライエントの最初の発言
こんばんは。今日は仕事がたまたま早く終わりました。以前から一度は相談に来てみたいと思っていたので，予約もせずに突然ですみません。どうぞよろしくお願いします。

Let's think

AとBの情報から，あなたはカウンセラーとして
☐どのように話しかけますか？　　　☐それはなぜですか？

C 問題を焦点化していくプロセス

クライエント（CL）とカウンセラー（CO）との対話	カウンセラーの自問自答
CO 1: いえいえ，大丈夫ですよ。足を運んでいただきありがとうございます。以前から来たいと思っておられたということですが，どのようなご相談でしょうか。	切迫した様子はなく，「以前から来たみたいと思っていた」という言葉から，これまでいろいろと一人で考えてこられたのだろうと想定した。
CL 1: ありがとうございます。急に何かがあったとかということではないのですが，仕事のことで将来に見通しが立たなくて，どうしたものかなあ〜と思って。	まだまだ明確ではないが，じっくりと相談に対応していくことが必要そうだなと思った。
CO 2: なるほど〜，仕事のことで将来に対する漠然とした不安があるということなんですね。【CL：はい，そんな感じです】それでは，今の状況をもう少し詳しくお聞かせください。自由に気楽にお話いただければと思います。	
CL 2: はい，ありがとうございます。私は今，産業システム部に所属しているのですが，今から約10年前に開発したJシステム（数百〜3千万円程度）の企画・開発・販売・保守をここ10年担当しています。開発当初は，新技術を駆使しそのプロジェクトリーダーとして7名のメンバーを指揮していました。販売当初は年間10億円規模の売り上げがありましたが，新たな技術の変化と市場の縮小にともない，5年前には会社として事業撤退することが決定されました。	来談当初から切迫した様子は感じられなかったが，仕事上での厳しい経験をしてこられたことが想定された。
CO 3: それはそれは，かなり厳しい経験をされてきたのですね。	
CL 3: まあ〜そうですね，なかなか辛い状況を経験してはきましたが，もうずいぶん前に落ち着いてはいます。今では顧客のJシステムの保守のみを行っているという状況です。顧客は数十社にのぼっていますので，顧客が新たなシステムに更新するまでは，保守業務を継続することが必要なのです。	具体的にどの程度厳しい状況かは把握できていないが，見通しが立てづらい閉塞感のある仕事に従事していることが理解できた。
CO 4: そうですか〜，なかなか前の見えない辛いお仕事をされているのですね。本当にご苦労をされていると思います。	
CL 4: 業務量も少しずつ減ってきたので，それに合わせてこれまで担当者も徐々に異動させ，今では，私と部下の2人となりました。その部下にも，新しい事業・技術分野の経験を早く積ませてやりたいと思っているので，今年度中には異動を考えています。	部下思いの森さんに敬意を表するとともに，ねぎらいの言葉をかけたかった。
CO 5: なるほど，部下の方の将来をお考えになって，少しでも早く新しい職場に送り出してあげたいとお考えなのですね。本当に頭がさがる思いがいたします。それで森さんご自身はいかがでしょうか。	

事例 19　私がやるしかない業務だとわかってはいるのですが……

クライエント（CL）とカウンセラー（CO）との対話	カウンセラーの自問自答
CL 5　はい，私のことは，う〜ん，目途が立たないです。保守業務が終結するには，まだ2〜3年以上かかると思います。自分としては少しでも早く今の業務を終わらせて新しい仕事をしたいと思っていますが，このシステムの保守は他の人では難しく私がやるしかないと思っています。	部下を思う一方で，自分のことについては，全く先の見えない状況であること，責任感で仕事を続けていこうとしていることがわかった。
CO 6　先が見えないというのは本当に辛いことですね。	
CL 6　頭ではわかっているのですが……。	将来が不安だし，納得できない思いもあるのだと気づいた。
CO 7　頭ではわかっている……。[繰り返し]	
CL 7　頭ではわかっているのですが，私がプロジェクトの責任者なんだし，仕方がないことだとわかってはいるのですが，いつまでこんな状況が続くのかと思ってしまって……。	
CO 8　そうですよね。技術や市場の変化が激しい業界ですから，大きな変化に翻弄されることはあると思いますが，それは森さんの責任ではないわけですから，納得いかないというのも，とても自然な気持ちだと思います。	本人が（あえて）言語化していないと思われる「納得がいかない」という気持ちを代弁した。そしてそれはごく自然な気持ちなんだと伝えようとした。
CL 8　そうですね〜，うん，やはり納得いかないという気持ちがないと言えば嘘になるかもしれません。でも，やはりプロジェクトの責任者ですから……。	一人で抱え込んでいるのではないか，わかってくれている人はいるのか確かめたかった。
CO 9　森さんは，本当に責任感の強い方なのですね。そのお気持ちを誰かにお話しされてことはありますか。	
CL 9　そうですね，親しい同期なんかと飲みながら話すことはありますが，あまり人には言っていないですね。	話すことに抵抗がないか，話すことのメリットを感じているか確認したかった。
CO 10　親しい同期の方などとはお話されているのですね。少しは気持ちが楽になったりしますか。	
CL 10　う〜ん，愚痴みたいなものになってしまうし，そんな話ってみっともないですよね。情けないし……。	弱音を吐くことはみっともない，情けないというような感情・認知があるように思われたので，きっと森さんを理解してくれる方も多いということを伝えたかった。
CO 11　情けないし……。確かに話したくないお気持ち，耐えられないお気持ちとてもよくわかります。でも，森さんの大変さやご苦労をわかってくださり，共感してくださっている方もいると思いますし，上司も申し訳なく思っていると思いますよ。	
CL 11　う〜ん，自分一人で背負わなければならないと考えすぎなのでしょうか。	

Let's think

上記のプロセスを読んで，考えてみましょう。
☐ まず対話のみを読んで，あなただったらどのようなクライエント像を描きますか？
☐ カウンセラーの自問自答を読んで，カウンセラーの発言の意図を確認してみましょう。
☐ あなただったら，何に焦点をあてて，どのように見立てますか？

D　カウンセラーの仮説

(1) 全体方針（カウンセラーとしての行動方針，留意事項含）

　カウンセラーは，クライエントが来室した時の様子や話しはじめた内容から，特に切迫した状況ではなく，機会があれば誰かに何かを話したい，聞いてもらいたいという気持ちなのではないかと判断した。まずは，じっくりと話を聞いていこうと考えた。状況説明が終わりにさしかかった頃に発せられた「頭ではわかっているのですが……」（CL6, 7）という言葉から，自分をかなり抑制していることが伺えたので，この点がポイントなのではないかと判断した。

(2) 考えられる問題の可能性（相談冒頭から焦点化のプロセスを経て出た仮説）

①責任感が強いあまり自己を抑制しすぎていないか。
②切迫しているように見えないが，精神的に健康な状態だと判断できるか。
③仕事への意欲やモチベーションが低下していないか。
④相談できる人がいないのではないか。

(3) 問題を焦点化していくうえでのポイント

①森さんの苦しい，辛い，納得いかないというような気持ちを吐き出してもらう（CO3-8）。
②すべての責任を自分がもつべきであるという考え方から解放され，まずは少し気持ちが軽くなれるようにアプローチする（CO9-11）。
③現状を改善するための方策を必要に応じ一緒に検討し，行動に移すことを目指す（CO11以降で扱っていく必要がある）。
④その後に，今後自分はどんな仕事をしたいのか，どのような将来構想を描くのか考えていく（CO11以降で扱っていく必要がある）。

E 事例のまとめ

(1) カウンセラーの見立て

◆社会的背景から

現実問題として，森さんにしかできない保守業務だと想定されるが，組織としてこのことを森さん個人に過剰に負担を強いている実態があるように思われる。組織としての対応に改善の余地がないかどうかを検討していく必要がある。

◆クライエント自身から

森さん自身も責任は自分が負うものという意識が強く，事態の改善を目指した上司や組織への働きかけや，組織体制の見直しなどには意識が向いていないように思われる。そのような状況が長く続き，今後も継続する可能性が高いなかで，仕事や将来の見通しが立たないことへの漠然とした不安が募ってきているように思われる。結果として，仕事に対する意欲やモチベーションの低下も懸念される。

(2) 今後の計画

上記のような点を森さん自身に意識化してもらい，組織に対しては管理職として課題解決に向けた働きかけ・行動を検討していくことが必要であるし，森さん自身については，自分の将来は自分自身が切り開いていくのだと自覚すること，自分を大切にして少しはわがままであってもよいというような柔軟な発想をもつことができるよう支援していく。

事例 20 パフォーマンスの改善を求められて

A 前提

相談環境

企業内のキャリアカウンセリングルーム（個室）。

申込時にクライエントから伝えられた情報

池田さん，45歳，男性，管理職。相談したいこと：部長から現在のパフォーマンスは満足のいくものではないので，改善するように言われ，相談したい。

相談の経緯

部長から，パフォーマンス改善の命令が行われた。
カウンセリングを受けるのは，クライエントの任意であるが，部長からは，ほぼ，強制的にカウンセリングを受けるように言われている。
なお，いわゆるリストラのためではなく，あくまでも能力開発の方策である。

B 来談当初の状況

場面設定

来談日予約。事前に相談票の提出。
カウンセラーの守秘義務は，来談者にも伝達済み。

入ってきた（会った）ときの様子

大変硬い表情で，怒りの感情が読み取れる。

クライエントの最初の発言

こんなことがあるのは知っていましたが，これまでの成績だって，部長から達成していると評価されてきているのに，どうしてこんなこと言われたのか全くわからない。[怒りの口調で]

Let's think

AとBの情報から，あなたはカウンセラーとして
□どのように話しかけますか？　　　□それはなぜですか？

事例20 パフォーマンスの改善を求められて

C 問題を焦点化していくプロセス

	クライエント（CL）とカウンセラー（CO）との対話	カウンセラーの自問自答
CO 1	ああ，理不尽なことを言われていらっしゃるのですね。	怒りの感情は，上司，会社に向けられたものと思われるが，COに対する感情も考慮していこうと考える。
CL 1	急にですよ。それも，前から評価が悪いのならわかりますよ。でも，これまでの評価だって悪くない。悪いなんて言われたことがない。部長に聞いてもはっきりしません。とにかく，改善してほしい。計画書を出せと言われ，相談はここでしてくれるから行って来いと。	警戒心をもたずに率直に話をしてくれている。 評価は悪くないということは業務目標の達成度ということではないのかもしれないと想像する。 来談の目的が改善計画・実施であると想定したが，上司から言われて来たということなので確認したい。
CO 2	ああ，そんな状態でこちらに来られたわけですね。そのなかでよくいらしていただきました。私もできる限りのことはさせていただきたいと思いますので，どうぞよろしくお願いいたします。【CL：よろしくお願いします】 そうするとここでは，計画について考えていくということでよろしいでしょうか。【CL：はい】ただ，今のお話をお伺いすると計画書を書けと言われても何を書いてよいかわからないでしょうね。	
CL 2	ええ。ただ，一応，計画書は作成しました。	改善点は提示されているのかもしれない。 転職などは考えていない。 会社の意向に沿おうという意思は高いと判断。 計画書の内容に触れるまえに，もう少し全体の状況を知りたいと考える。
CO 3	あっ。そうなんですか。はい。では，拝見してもよろしいでしょうか。【CL：はい［と言って計画書のコピーを出す］】拝見します。［計画書の内容を大まかに読む。業務課題と実行計画が記載されている］計画書の内容を理解するために，もう少し，職場の状況をお教えいただけますか。	
CL 3	はい，今，私は，工場の製造部の経理課長をしています。製造部は，約320名で，製造部長の下に4つの課があり，2つは，製造と技術で，もう1つは総務や労務関係の課があり，4つ目の私の課は，経理で原価や経費の取りまとめと管理をしています。部下は4名です。［組織図を書いて説明］	かなり人数が多く，部長は自分の専門以外の課の状況を把握できているのだろうか。
CO 4	わかりました。それと，もう1つお教えいただきたいのですが，先ほど，部長の評価と言われていましたが，池田さんの会社では，評価はどのように行われているのでしょうか。	

145

	クライエント（CL）とカウンセラー（CO）との対話	カウンセラーの自問自答
CL 4	半年ごとに目標を作成し，その結果を評価するということになっています。先ほどもお話ししたとおり，この1～2年は，達成しているとの評価でした。評価のときに部長との面接がありますが，そのときにも，達成しているので，今後も頑張ってほしいと言われましたし，その他にこうしてほしいとか何か言われることもありませんでした。	業務目標とその成果では，特に問題を指摘されることはなかったことは理解。 もう少し範囲を拡げていこうと考える。
CO 5	今回のこともこの部長から言われたのですね。【CL：はい】そして，そのときは説明がなかった。【CL：ええ】それでは，半期の面接以外で普段の部長との話のなかで何か言われたということはありませんか。	
CL 5	部もかなり人数が多いので課の報告や会議などを除いて部長と話すことはあまりありません。そのときに何か言われたという記憶もありません。	部署の人数も多く，製造部ということでCLとの分野も違う。部長との関係は疎遠のようである。これも問題点かもしれない。
CO 6	なるほど。そうですか。そうすると手がかりがないままにこの計画書を作成されたということでしょうね。【CL：はい】それはつらいと思いますが，池田さんご自身が，この計画書のなかで新しく気づかれた点とか，業務目標を作成していたときと違う点がありますか。	部長もCLのことをどこまで把握しているのか疑問を感じる。 もう少し範囲を拡げて聞いていこうと考える。
CL 6	いえ，新しいこととか，違う点はないと思います。計画書を出せということでしたので，わからないままに，これから半年で取り組む課題について作成しました。	このままでは，糸口が見つからない。部長との面談前に，計画書の内容をある程度はっきりさせておかないと，改善課題が明確にならないかもしれない。
CO 7	そうですか。これは，部長にはまだお見せになっていませんよね。【CL：はい】そうすると。これは推測にすぎないのですが，今までのお話から，池田さんには，これまでの業務目標とは違う何かが求められているように思うのです【CL：は。と言いますと】つまり，半年の目標というのは，ご存じのとおり，その人のやっている仕事の一部にすぎません。課長であれば，課の業務目標の達成を問われるのは当たり前ですが，業務目標に書かれていない仕事，例えば，部長との関係やプレゼンテーションの仕方とか，あるいは，他の課との折衝や調整とか，部下の管理とか育成とかいろいろあると思います。もちろん，これらは業務目標達成のために必要なことですので，あまり半年の業務目標の計画表に書かれるとか，表に出ることは少ないと思います。このような仕事と言いますか，池田さんと部長との関係でとか，他の課との関係とか，部下との関係について部長から何か言われたなど，思い当たることはありませんか。	思い切って別の角度からアプローチしていこうと考える。

事例20　パフォーマンスの改善を求められて

	クライエント（CL）とカウンセラー（CO）との対話	カウンセラーの自問自答
CL 7	う〜ん。なんでしたっけ。部長との関係と他の課との関係，部下でしたね。【CL：はい［沈黙。考えている様子］】ああ，そういえば，関係しているかわかりませんが，以前，部下が育っていないということを部長から言われたことはあります。	事実が出てきたのでもう少し詳細を聞きたい。
CO 8	ああ。池田さんご自身のことではないのですね。そのときのことをもう少しお話いただけますか。	
CL 8	ええ。あまり詳しく覚えていないのですが，部の会議だったと思いますが，私の代わりに私の課の主任に出席してもらったことがあります。その会議の後で，部長から，部下が育っていない。もう少し，主任には言うべきことを整理して，わかりやすく説明して欲しいということだったと思います。	具体的な事柄が出てきたと判断。CLの行動や対処を聞きたい。
CO 9	ああ。そんなことがあったのですね。それで池田さんはどうされたのでしょうか。	
CL 9	部長から言われましたので，主任にはそのことを伝え，注意するようには言いました。でも，主任をはじめ，私の課は，皆ベテランですし，仕事はちゃんと的確にやっています。プレゼンの仕方だって悪くないと思います。	CLと部長との捉え方，考え方の違いが感じられる。CLが部下にどのように接しているのか気になるが，部長に対する不満も見えてきたので，部下への指導や接し方を切り口にして部長との関係がどうなのかを明確にしていきたい。そのなかで部長の要求もはっきりするかもしれない。
CO 10	ええ。部下のことは池田さんが，一番よくわかっていますものね。今のお話から感じるのは，池田さんと部長との間で，仕事の進め方や部下への接し方で考え方の違いのようなものがあるようにも思うのですが，池田さんは何かお感じになられたことがおありですか。	

Let's think

上記のプロセスを読んで，考えてみましょう。

□まず対話のみを読んで，あなただったらどのようなクライエント像を描きますか？
□カウンセラーの自問自答を読んで，カウンセラーの発言の意図を確認してみましょう。
□あなただったら，何に焦点をあてて，どのように見立てますか？

D　カウンセラーの仮説

(1) 全体方針（カウンセラーとしての行動方針，留意事項含）

　パフォーマンスを能力と捉えるとクライエントにとって人格の否定と同じくらいの衝撃があることが多い。この点は留意する必要がある。経験的に言えば，パフォーマンス改善といっても，上司との関係性や考え方や物事の捉え方の違い，行動の仕方の違いによるものが多い。本人の意に沿わない来談であるが，実際に来談し，上司の意図がわからないなりに，すでに計画書を作成していたことには敬意を表するべきである。ここでは，上司の要求が何かを明確にし，計画の作成，実行を援助しようと考えた。計画書の提出期限もあり，初回では，計画の内容あるいは方向性を確認しておく必要がある。

　上記の内容が主と考えられるが，転職などを含む今後のキャリア相談になるなどの可能性はある。

(2) 考えられる問題の可能性（相談冒頭から焦点化のプロセスを経て出た仮説）

①パフォーマンス改善という言葉は，いろいろに解釈されるが，一般的に，能力レベルの改善よりも，行動レベルの改善とか，関係性の改善という場合が多い。
②自己の行動パターンの特徴を理解し，その行動パターンが対人関係にどのように影響しているかに気づき，修正していくことが必要と思われる。

(3) 問題を焦点化していくうえでのポイント

①パフォーマンスの改善という言葉は，大変曖昧であり，上司も本人も良く理解できていない場合もある。パフォーマンスの意味が何かを明らかにする。
②所属している企業の規模や，その企業で管理職に昇進していることから考えると知的レベルは高いと考えるのが妥当である。計画書自体も業務上の目標設定としては問題なく作成されていた。
③すでに計画書を作成していることから，怒りはあるものの会社の要求に沿って対処していこうという意欲は高い。

事例20 パフォーマンスの改善を求められて

E 事例のまとめ

(1) カウンセラーの見立て

◆社会的背景から

人間関係は古くからある永遠のテーマである。企業を取り巻く厳しい経営環境の変化により，管理職は，実績や業績の進捗管理が今まで以上に求められるようになってきている。そして，管理職の意識もそこに向かいがちである。同時に，これまでの上司と部下との間のパイプ役や上司への適切な提言，部下へのアドバイスや育成も重要な仕事である。むしろ，これまで以上にコミュニケーションを取っていく必要性が増加していると考えられる。しかし，近年の組織のフラット化により，管理する人数が増加しており，範囲を超える場合もあり，十分機能できない状態もあると考えられる。

◆クライエント自身から

業務目標，業務進捗管理を主体とした計画書を作成していることから，上記のうち，上司や部下とのコミュニケーションなどには意識が向いていないと考えられた。上司とのコミュニケーションの不足（これは上司にも問題があるが）や部下とのコミュニケーションや接し方などに課題がないかを検討していく。

(2) 今後の計画

上司とのコミュニケーションの機会がきわめて少ないこと。能力や業績というよりもクライエントの行動パターンや考え方と上司の期待していることに距離があるように思われた。これをクライエントが理解できるよう援助する。さらに，どのように上司に接しているのか。部下にどのように接し，育成しようとしているのか。また，他の部署とどのようなコミュニケーションをとっているのかなど，日常の職務での行動を振り返り，自分の行動パターンや考え方の特徴とそれが周囲にどのような影響を与えているかを理解し，行動できるように援助する。必要により自己理解のためのアセスメントツールを活用し，クライエントの信念，行動変化への抵抗をやわらげながら，取るべき行動のヒントに気づいてもらうことも有効と考えられる。以上をわかる範囲でまとめ，計画書を作成する。

上司とのコミュニケーションは不足しており，これが今回のパフォーマンス改善の命令に結びついたことは十分考えられる。怒り，気後れ，不安などの感情に配慮しながら，上司への報告や話し合いの頻度を増やすことやその持ち方について考え，実際に行動できるように援助することが重要と思われる。可能であればカウンセラーを含む三者面談を提案し，同席することで，両者の認識のギャップに気づいてもらい，それを埋めていくという方法も有効と思われる。

事例 21　管理職試験を受けた方がいいのか？

A　前提

相談環境
個人が運営しているキャリアカウンセリング・オフィス。

申込時にクライエントから伝えられた情報
木本さん，47歳，男性，公立中学校の教員。相談したいこと：自分の将来設計について，専門家の意見を聞きたい。

相談の経緯
電話で相談を依頼。急な相談を必要としている様子ではなく，かつ来所が可能な地域からの相談希望であるので，電話で相談者の氏名，住所を聞き，相談日時を決めた。仕事の関係で土曜日の午後を希望。同時に，相談申し込みを，学校や教育委員会には知られたくないので，急きょ公務が入った場合には変更可能かという問い合わせであったので，変更は可能であるが，その場合は必ず連絡してくれるように依頼する。

B　来談当初の状況

場面設定
当日は，予定より数分遅れて来所。カウンセラーがドアを開けてカウンセリング・ルームに入るように勧めた。

入ってきた（会った）ときの様子
部屋に入ると，部屋の中を見回し，落ち着かない様子で，勧められた椅子にすぐには着席しなかった。

クライエントの最初の発言
部屋の中を見回すことを止めないので，再度「木本さん，どうぞご遠慮なさらず，おかけください」と着席を進めると「静かですね，先生おひとりですか？」と言いながら，着席した。緊張気味である。

事例21　管理職試験を受けた方がいいのか？

C　問題を焦点化していくプロセス

クライエント（CL）とカウンセラー（CO）との対話	カウンセラーの自問自答
CO 1　専任は私1人ですが，あと2人非常勤のカウンセラーがおります。失礼ですが，どのような経緯で私どものオフィスを知るようになられたのでしょうか？　お勤めの関係で，ここにお見えになるのに気を遣われたのではないかと，心配しておりますが。	何か気になることがあるようで落ち着かない様子なので，COの方から具体的なことを質問したほうがよいと考える。
CL 1　特にこちらに来ることは心配ないのです。学校関係者から，こちらのことは聞いていて，実際，生徒のことで相談に乗ってもらい，いいアドバイスをいただいた仲間もおります。	
CO 2　それを聞いて安心しました。申し込みの時に「学校関係には知られたくない」とおっしゃられたので。それでは，このオフィスにいらっしゃること自体は問題ないのですね。もちろんここは何か精神的に悩んでいる人が来るところと誤解されているようですので。	部屋内を見回していたので，相談することに直ちには入りにくいことがあるのかもしれないという疑問が起こった。
CL 2　ええ，まあ……。［深呼吸をして］実は，私個人の将来設計についてご意見をいただきたかったので，学校関係者には知られたくないのです。	話しにくそうなのに，相談内容にすぐ入られたので，時間的な制約が考えられた。そこで直ちに課題に焦点をあてる決心をした。
CO 3　そうでしたか。私が余分な心配をして申し訳ございません。木本先生の将来設計についてお役に立ちたいと思います。木本先生のご許可なしにはどなたにも先生がお見えになられたことはもちろんのこと，お話の内容も，先生のご許可なく，口外することはしないことをお約束いたしますので，その点はご安心いただけますか。	秘密保持について明確に説明しておく必要を感じた。
CL 3　ありがとうございます。実は時間が迫っていることで決心をしなければならないのですが，かなり精神的にもまいっています……。実は，上司から，年齢的にも経験としても管理職試験を受けたらどうか。私が望むなら推薦したい，と言われました。早く返事をしなければならないのです。	
CO 4　そうでしたか。私は学校組織については知識がないので，教えていただきたいのですが，管理職と言いますと，教頭とか校長とか主事とかというポストのことでしょうか？	相談の趣旨を具体的に話してもらえるように，質問をすることとする。
CL 4　そうです，私の今回の場合は教頭です。もちろんその試験を受けて合格したとしても，来年すぐそのポストに就くとはかぎりませんが。	
CO 5　世間一般では，校長からそういう話を聞き，さらに推薦されるということは先生が高く評価されていらっしゃるということでしょうね。先生にとっては，そのことが精神的に負担になられるご様子ですので，必ずしもうれしくないということなのでしょうか？	精神的に追い詰められているという様子からかなり悩んでいるようであるが，「悩む」という言葉は使わないようにし，経験している状況を具体的に表現できることを目指す。

151

	クライエント（CL）とカウンセラー（CO）との対話	カウンセラーの自問自答
CL 5	そうなんです。管理職になることなど考える暇がなく，日々生徒のことや保護者対応に追われている毎日ですので。でも，考えてみれば，年齢的には管理職試験を受けるかどうかを考えて決める時期なのかもしれないのです。事実先輩たちを見ているとそうでした……。私は，推薦されても，先輩の教員を見ていて，管理職のたいへんな面が目につくのです。もちろん，自分の目指す教育を考えるとやりがいもあると思いますが，いろいろ考えてしまい，時間だけが経ってしまいました。	
CO 6	よく話してくださいました。校長先生の誘いは，これからのご自身の生き方を考える機会になったのかもしれないですね。【CL：ええ，まあ】校長先生には迷われていることをお話になられたのですか。例えば，突然のご推薦はうれしいが，考えてもいなかったので迷っていることなど，先生の気持ちを話せる校長先生でしょうか。それとも，今年その試験を受けないと，あとで推薦されることも試験を受ける機会もなさそうで，相談できそうにないのでしょうか？	不明なことは，CLの迷いが校長との関係に影響されている可能性，また，相談の趣旨が管理職試験ではなく，将来設計であったことから，単に試験を受けるかどうかではないかもしれない。他の課題があると想像される。
CL 6	今回断ったら二度とチャンスがないというわけではないと思うのですが……。[考え込む，独り言のように]今まで考えたことがなかった。いや，考えないようにしてきたのかもしれません。管理職は縁がないと思っていたのかもしれないです。何しろ，教員の毎日は忙しいので自分のことを考える暇がなかったのです。私が迷っていると言うと，校長はどう思うでしょうね？	自分自身の生活を振り返り始めている様子である。
CO 7	そうですね。私には，校長先生は，木本先生に「ご自分の将来計画を考える」機会をくれたようにも思えてきたのですが。	最初の目的である将来設計というテーマに関連づけてみることに挑戦することを決心。
CL 7	受けるのなら準備が必要ですから，今からでは間に合わないとも思うのです……。試験を受けてもひどい成績では推薦してくれた校長にも申し訳ないです……。もし来年も推薦してもらえるのなら，その気になって準備をしなければとも思います……「顔を上げて，元気な声で」お話して，心の整理がつきましたので，とりあえず，校長に話して，来年の可能性を相談してみます。	ぼつぼつと，考えながら話す様子から，CLが自分と向かい合い，整理がついている様子なので，ゆっくりと待つこととする。
CO 8	そうですね。いろいろ考えることも多いと思いますが，教育は一生の仕事と思っていらっしゃるご自身に気づかれて，私は本当にうれしいです。お役にたちましたでしょうか。	
CL 8	ありがとうございます。前から校長に相談したほうがよいのではないかとは思っていたのですが。実を言うと，勇気が出ませんでした。助かりました。相談に来てよかったです。ありがとうございます。	

D カウンセラーの仮説

(1) 全体方針（カウンセラーとしての行動方針，留意事項含）

　かなり緊張している様子であること，と同時に自分から相談を希望してきたことを考える。さらに教員にとってカウンセリングセンターは，臨床系の相談室のイメージが強い可能性があると想像されるで，できるだけ，カウンセラーの方からは，教師という職業の40代のクライエントであることから，特に質問の仕方や言葉使いには注意をし，また感情面には触れないことを留意した。そして，「学校などに知られること」を心配しながら相談に来たことを配慮し，クライエントの方から学校のことを話さないうちは，あえて立ち入らないことを行動方針とした。また，カウンセラーは自分が教育関係について詳しくないことを話し，必要ならクライエントから話してもらえるように心がけた。

(2) 考えられる問題の可能性（相談冒頭から焦点化のプロセスを経て出た仮説）

> ①相談室を見まわすなどの行動をとるなど神経質になっているのは，カウンセラーについて何らかの先入観があるのか。あるいは，仕事が原因で，精神的に悩み，追い込まれているのか。
> ②管理職試験を受けるべきかどうか，決心がつかない。
> ③推薦を断ることで校長との関係が悪くなることを恐れている。
> ④管理職という仕事のもつたいへんな面とよい面を考え，選べない。
> ⑤自分の将来を考えることと直面せざるをえない機会との対峙。

(3) 問題を焦点化していくうえでのポイント

　とりあえず，不安を軽減するために，クリニックとは違うことを暗に説明し，また秘密保持のことについては詳しく説明する（CO2, 3）。

> 相談票に書かれた相談の趣旨「将来設計について」をカウンセラーの方から取り上げること（CO3），その具体的な内容を話し安くなるために，カウンセラー自身が学校組織に不案内と語る（CO4）ことにした。その結果，校長の推薦を受けるかどうか，そして管理職試験を受けるかどうかという2つの迷いが具体的に話される。

E 事例のまとめ

(1) カウンセラーの見立て

◆社会的背景から

　40代後半は将来の生き方を考える時期であり，そのための昇進試験の仕組みもできてはいるが，同時に教育現場で中心的存在となるので，日々の課題も多く，自分の将来設計を考える暇もないという現状もある。多忙な職場でのなかで，管理職の校長がよい機会を提案してくれたと見立てる。

◆クライエント自身から

　校長の推薦を受けて管理職試験を受けることについて具体的に考えてみたが，準備不足のため受かる見込みがないことへの心配も起きている。他方で，校長の推薦がきっかけとなって自分の年齢を考え，将来を計画する時期に達していることにも気づいた。しかし，自分の考えたことを，そのまま校長に話すことで，問題を解決することには気づかず，時間だけが過ぎたことで焦り，不安になった。しかし，今は，自分から校長に事情を話し，来年受験したいという希望を話して相談する決心ができた。この機会に，自分の一生の仕事として教育に携わることが一生の喜びであることに気づいたと見立てる。

(2) 今後の計画

　クライエントの発言（CL8）から明らかなように，自分が校長から推薦を受けたときの自分自身の体験を振り返り，相談を機に，次の行動を具体的に考えて行動に移す決断ができたので面談を終結とする。

事例 22 もう一花咲かせろと言われても……

A 前提

相談環境

事務機器メーカーの社内に設置されたキャリア支援室。

申込時にクライエントから伝えられた情報

山下さん，50歳，男性，営業職（管理職）。相談したいこと：先日の研修で，もう一花咲かせろと言われても……。

相談の経緯

1週間前に50歳対象（必須）のキャリア研修を受講したクライエントが，キャリア支援室のカウンセラーのもとへ，研修の振り返り面談（必須）ということで相談にきた。振り返り面談は，研修で取り扱った内容をそれぞれ状況の異なる個人レベルに具体化していき，研修の効果をより強固なものにするための機会である。カウンセラーは，キャリア研修の概要レベルは事前に知っているが，どのような雰囲気であったかは知らないし，クライエントの受講時の様子を直接見ているわけではない。

B 来談当初の状況

場面設定

キャリア研修受講後1週間ほどたった平日の午後（会社の人材開発部の指定）。

入ってきた（会った）ときの様子

振り返り面談自体が研修とセットになっているからか，何を話せばいいのだろうという感じの表情で入室。日々の業務が忙しいらしく早く終わらせたいという雰囲気も感じられる。

クライエントの最初の発言

先週，キャリアデザイン研修を受けてきました。研修からは「定年まであと10年，5年後に役職定年になるが，最近は人手不足でもあるし，その後の再雇用のこともあるので，もう一花咲かせる気持ちで頑張れ！」という会社からのメッセージを感じ取ったのですが，もう一花咲かせろというメッセージが今でもモヤモヤしています。

C　問題を焦点化していくプロセス

	クライエント（CL）とカウンセラー（CO）との対話	カウンセラーの自問自答
CO 1	先週，研修を受講されて，そこで感じ取られた会社のメッセージ「もう一花」という言葉があまりしっくりいっていないように見えますが，その「もう一花」という言葉は研修のなかで出てきた言葉でしょうか，それとも山下さんご自身がそう受け取ったという言葉でしょうか？	主訴のなかでのキーワードからその状況を生み出した研修の状況を確認してみよう。
CL 1	研修の講師が直接口にした言葉でもなく，また研修のテキストに載っていた言葉でもないですね。ただ，一緒に受講していた同期が研修最後のグループ共有のなかで感想として発言していた言葉だったと記憶しています。	研修プログラムや講師に不満があるわけでもないのか。主訴のなかでのキーワードからその状況を生み出した研修の状況確認を継続してみよう。
CO 2	研修で聞かれた言葉がしっかり残っているのですね。その同期の方の言葉がどうも引っかかるということでしょうか？	
CL 2	確かに，研修のなかで，会社の現状もわかったし，今後の処遇のこともわかったし，そんななかでも定年までの残された時間を静かに過ごすのではなく，しっかりと会社にもう一度貢献できるように頑張ってほしいという会社のメッセージをうけて，「もう一花」という同期の言った感想は自然な流れなのだろうな，と感じたのは確かです。ただ，なぜだか，そこに「もう一花」という言葉がどうもあてはまらないような気がして……。	一緒に参加していた同期に不満があったわけでもないのか。言葉の意味合いの問題か。CL自身の「もう一花」の違和感の確認してみよう。
CO 3	山下さんのおっしゃるとおり，確かに研修では，受講者の皆さんの会社のなかでの役割がそろそろ変わってくるので，それまでは今の役割でもうひと頑張りしようとか，新しい役割になってもしっかりこなして会社にもう一度貢献しようというふうに気持ちを新たにしてほしいという流れだったかと思いますが，それが山下さんにはあてはまらないということですよね。どんなところがあてはまらないのでしょうか？	
CL 3	身近にいる同期の大半は役職定年か遅くとも定年まで頑張ったら，子どもが社会に出ていくという状況だと聞いていますが，ウチは実は結婚が遅く，ようやく子どもが小学校に上がったばかりで，しかも住宅ローンが75歳まであって，これからも，これまで以上に働いていかないと……。	自分自身のほうに目が向き始めたな。CLが自身の状況から考える方向性を聞いてみよう。
CO 4	山下さんご自身の状況が，同期や会社が考える道すじとは違う状況なので，そこが「もう一花」ではないという感じなのでしょうか？	

事例22　もう一花咲かせろと言われても……

	クライエント（CL）とカウンセラー（CO）との対話	カウンセラーの自問自答
CL 4	どうも会社も同期も野球でいうと，何となくですがそろそろ終盤ムードなんですよ。でも，自分はまだまだ序盤が終わったところ。これからが正念場。もっともっと金が出ていきます。だから，今の年収や生活レベルを維持するために，何ができるか，何をすべきかを考えないといけないだろうなぁと感じているところなんですよね……。	一緒に話し合いたいという雰囲気になってきたな。 これ以降，CLが相談したい本当のテーマを確認してみよう。
CO 5	ということは，研修が想定している「あと5年，10年」ではなくて，「15年，25年」という長さでしっかりと考えていきたいということですね。	
CL 5	そうですね。私にとっての「もう一花」は「一花」ではなくて，先週の研修は，2つも3つもこれから花を咲かせるためには何をすればよいのかを考えるきっかけになったのだと今は思えるようになりました。	積極的に自分の未来を考えたいという気持ちに気づかれたようだ。考えるための観点を共有して，次回以降につなげていこう。
CO 6	ということは，これから15年，25年という時間軸のなかで，ご自身がどのような場で，どう活躍していきたいかをしっかりとじっくりと一緒に考えてゆくスタート地点に立てたということですね。ある意味，会社の枠を取り払って考えてみるとか，ご家族の今後の変化について考えてみるとか，考えるべきことがたくさんありそうなので，時間軸をベースに少し思いを整理したうえで，次回，じっくりまたお話をきかせていただければと思います。	

Let's think

上記のプロセスを読んで，考えてみましょう。

☐まず対話のみを読んで，あなただったらどのようなクライエント像を描きますか？
☐カウンセラーの自問自答を読んで，カウンセラーの発言の意図を確認してみましょう。
☐あなただったら，何に焦点をあてて，どのように見立てますか？

D　カウンセラーの仮説

(1) 全体方針（カウンセラーとしての行動方針，留意事項含）

　研修の振り返り面談は「自分は何をされるのだろう」という疑心暗鬼な状況から始まることが多い。クライエントがより自然な気持ちになれるような配慮と研修内容とのつながりを忘れないようにして，徐々に自分自身に目が向けられるようにすることを行動方針とした。
⇒研修の場に同席したわけではないので，必要に応じて，その時の状況を共有したうえで，何が主訴につながっているのかをクライエントと丁寧に一緒に探りながら，付け足しと捉えられがちな「振り返り面談」が有意義な時間になるようにしたいという気持ちを表に出す。

(2) 考えられる問題の可能性（相談冒頭から焦点化のプロセスを経て出た仮説）

① キャリアデザイン研修への不満。
② 研修に一緒に参加していた同期に対する不満，焦り。
③ 「もう一花咲かせる」の意味合いがわからなくなっている。
④ 「もう一花咲かせる」が自分にフィットしないと思っている。
⑤ この年代のキャリア発達課題である「世代継承性」を仕事にどう具現化していくかということの整理ができていない。

(3) 問題を焦点化していくうえでのポイント

① 主訴のなかでのキーワードからその状況を生み出した研修の状況を確認（CO1，CO2）。
② クライエント自身の「もう一花」の違和感の確認（CO3）。
③ クライエントが自身の状況から考える方向性の確認（CO4）。
④ これ以降，相談する本当のテーマを確認（CO5，CO6）。

E 事例のまとめ

(1) カウンセラーの見立て

◆社会的背景から

キャリアカウンセリングが個別支援という形態をとっている一方で、キャリア研修はグループ支援という形態で運営されるのが現実であり、そこではある一定の多様性は想定されていても、比較的に多数派を占める層の仕事の状況、職場の状況、家族の状況を念頭において進められることが多いのも事実である。しかしながら、ライフスタイルの多様化が進んだ昨今、研修受講者の同質性はもはや失われつつある。この場合、念頭に置かれている層とは異なる状況（背景）をもつクライエントにとっては、研修の場で起きた「何か」、遭遇した「何か」によりモヤモヤ感（気持ちのささくれ）が発生することもままある話である。

◆クライエント自身から

「もう一花咲かせろ」という言葉は、クライエントにとって違和感のある言葉として残っていたわけであるが、この違和感がどこから来ているものなのかは、クライエントが一人で考えてもなかなか見つからないことも多いし、研修後、日々の業務に忙殺していくなかで忘れ去られ、心の奥底に「ささくれ」みたいな形で少しだけ残ってしまうということも多い。この面談では、対話を通じて、違和感がささくれになる前に、キャリアデザイン研修において提示された時間軸を自分なりの時間軸に修正することが必要だという共通認識ができたと思われる。

(2) 今後の計画

クライエントの違和感の源泉が、同期の他の受講者とクライエント自身の状況の違いから来るものであるとわかったので、15年、25年というスパンでキャリアデザインをしていくうえで、検討すべき事項の洗い出し（マネープランとクライエント自身が今後取り組みたい仕事の領域など）とそれをどのように考えていくと整理がしやすいかという情報提供をしていく。

そして、クライエントが整理・検討してきたことを素材に、直近でやるべきこと、中長期的にやるべきことを少しずつ明確にしていくための面談を継続していく。

F 本事例の全体像

■考えられる問題の可能性
❶キャリアデザイン研修への不満。
❷同期に対する不満，焦り。
❸もう一花咲かせる意味がわからない。
❹もう一花咲かせることが自分にフィットしない。
❺キャリア発達課題である「世代継承性」に直面している。

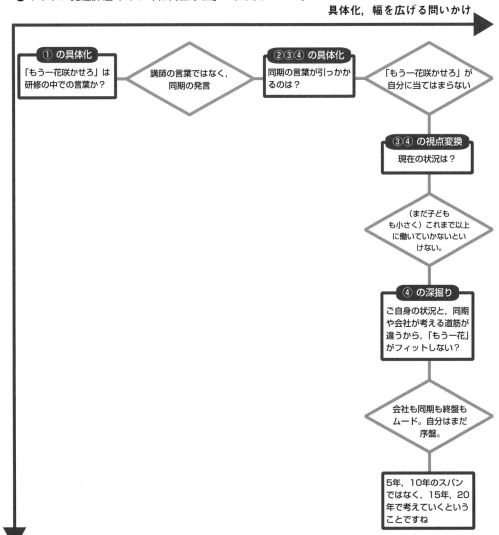

- ✓ キャリア研修では，その研修の目的でもあるが，自身のキャリアと向き合うことで，様々なモヤモヤ感がでてくることを理解し，個別状況をおさえていくことにした。
- ✓ そのうえで，年齢的なキャリアの発達段階だけでなく，個別状況からくる今後何をすべきかを考えられるよう意識した。

コラム⑦　キャリアカウンセラー育成の立場から思うこと

――キャリアコンサルタント養成講座を運営する機関の責任者の方から，キャリアカウンセラーの育成についてコラムをお寄せいただきました。

　筆者がキャリアカウンセラーの育成と認定を行う団体の経営に携わってから，早くも4年が経過しようとしている。世の中に同業は多数存在し，それぞれが独自の歴史や理念・方法でその存在意義を謳っておられるが，いわゆるキャリアコンサルタントという資格名称の公的な規定が整備され，遂には国家資格化されるに至った現在，キャリアコンサルタントに求められる役割機能と能力要件は，国が定める外形的基準の制約を従前にも増してより強く受けることになった。

　無論，新たな規制がキャリアコンサルティングに関わる者の裾野を拡大し，クライエントにとって質の高いキャリアカウンセリングの提供を保証する方向に働くのであれば，その意義は大きい。もっとも規制というものは，専ら一定水準以下の者の参入を阻むために有効なのであって，少なくともハイエンドを引き上げる方向には機能しない。一定以上のレベルにあってなお一層の成長を志すのであれば，やはり当事者自身のたゆまぬ研鑽によるところ大であることは自明であろう。

　さて，筆者がキャリアカウンセラー育成に関わりながら，折々に思い出すことがある。30年余り在職した前職の会社で出会った三人の方からいただいた言葉である。

　Mさんは20歳以上年長の転職者。私が20代半ば，漸く仕事が面白くなりかけたころに同僚になった。長い組織人生活のなかで，私は不本意な妥協をたくさん重ねてきたが，若い日のある時，現実を言い訳にしようとした瞬間にMさんから問いかけられた。「君は真剣に生きていますか？」。激しい衝撃を受けてのたうち回る私の話を黙って聞いてくれたMさんが，涙を流しながら最後に言った。「大丈夫だよ」。

　Sさんは，筆者が新任管理職になったときの直属の上長であった。当時，会社は不祥事に揺れ，血気さかんな者たちが上層部批判を借りて不安を紛らわせるのが常態化していた。私が所属する組織の将来ビジョンを話し合う合宿の場で，ついついまた経営批判になった。黙って聞いていたSさんが，突然次の言葉と共に席を立った。「当事者でなくなったら終わりだな」。その夜は眠れなかった。

　またある時，私は事業の期待を一身に集めて私自身が開発した新商品が全く売れないことに焦っていて，仕様を変更して売りやすい体裁に変えようかと一人煩悶していた。取引先に向かうタクシーの車中でSさんは言った。「たとえ誰が何と言おうと僕はこの商品に賭ける」。涙が出た。腹が固まった。

　Yさんは，他部署の上長であった。40代に差し掛かる頃，またまた壁に突き当たっていた私は，Yさんの席に押しかけて勝手に薫陶を得ることに決めた。非公式な社内留学を黙って受け入れてくれたYさんから，半年後に2冊の本を読むように言われた。ニクラス・ルーマンの『信頼』と『権力』であった。難しくてよく理解できなかったが，以下のことだけは大いに得心できた。「信頼とは当事者の責任のもとになされる賭けであって依存的信仰とは決定的に異なる」「権力が行使された瞬間にそれを受け入れるかどうかの決定権は相手が持つという意味で，権力の構造は常に逆転する」*。そして突き当たっていた壁の突破口が開けたような気がしたのである。

　三人の言葉，正確には言葉や行為を通して私の心に残ったメッセージは，今も何かの折に自分に向って発せられ，私は心の中のお三方と対話をする。そして対話の末に，大抵は自分のなかで何かが形になり，何かが決まり，何かを前に進めたり，進めるのをやめたりすることになる。お三方はこのエピソードをまず覚えてはおら

---

*ルーマンの言葉は，両書の日本語訳を私なりに解釈したものである。

れまい。私の方では勝手にお三方とも自分の師であると思っているが，それを聞けばきっと迷惑がられることだろう。でも良いのである。誰が師であるかは生徒が決めるのである。自分が師であると名乗る師はお断りである。

　現在の仕事に携わるようになってから，私自身も一般の方と同じ程度にはキャリアカウンセリングの理論や技法を学んだつもりだが，今もなお，お三方の行為は，私の中のキャリアカウンセリング像とどこかでオーバーラップしている。だから私にとってお三方との出会いは，心に残るキャリアカウンセラーとの出会いでもあった。

　仮に理想的なキャリアカウンセラー育成というものがあるとして，私の立場からすれば，あくまでも事業存続を前提とした判断のなかでそれを追求するしかない。しかしながら対人専門職の育成という事業に携わる一員として，現実と理想の狭間にあってどこまで現実的な知恵と工夫を絞ることができるのか，その葛藤と対話こそが事業の妙味であると思っているし，そう思いたいものである。

【引用・参考文献】

ルーマン，N．／長岡克行（訳）1985　権力　勁草書房（Luhmann, N. 1975 *Macht*. Stuttgart: Ferdinand Enke Verlag.）

ルーマン，N．／大庭　健・正村俊之（訳）1990　信頼—社会的な複雑性の縮減メカニズム　勁草書房（Luhmann, N. 1975 *Vertrauen : Ein Mechanismus der Reduktion sozialer Komplexität*. Stuttgart: Ferdinand Enke Verlag.）

（特定非営利活動法人キャリアカウンセリング協会理事長　藤田真也）

事例 23 50代半ばでNPOに転職したい

A 前提

相談環境

個人事業主であるキャリアカウンセラーのカウンセリングルーム。

申込時にクライエントから伝えられた情報

石川さん，56歳，男性。相談したいこと：職場都合で3か月後に退職するため，NPOなどの非営利組織に転職する方法を探りたい。

相談の経緯

共通の知り合いから，NPOに詳しいキャリアカウンセラー（中森）の存在を聞き，その知人を介して紹介を受け，メールで非営利組織への転職について相談したいと伝えられて予約。

B 来談当初の状況

場面設定

平日の昼間に，予定どおり来訪。

入ってきた（会った）ときの様子

落ち着いた様子で，特に情緒的な問題はないように見受けられた。

クライエントの最初の発言

こんにちは。友人の紹介を受けてまいりました。早速ですが，相談したい内容を話してよろしいでしょうか。

Let's think

AとBの情報から，あなたはカウンセラーとして
☐ どのように話しかけますか？　　　☐ それはなぜですか？

C 問題を焦点化していくプロセス

	クライエント（CL）とカウンセラー（CO）との対話	カウンセラーの自問自答
CO 1	石川さん，初めまして。先日いただいたメールでは非営利組織に転職する方法を相談したいというご依頼でしたが，そのような理解でよろしいでしょうか。	来談の目的はあらかじめメールで伝えられていたが，念のため，再確認しておこう。
CL 1	はい。自分で情報収集し，あちこちに応募しているのですが，少し行き詰っています。友人から，中森さんに相談してみたらと助言を受けたので，思い切って来させていただきました。	早く話したそうな様子なので，すぐに相談したい内容を自分の言葉で話してもらうことを優先する。
CO 2	どうもありがとうございます。石川さんのお役に立てると嬉しいです。早速ですが，現在の状況についてご説明くださいますか。	
CL 2	3か月後に，会社都合で退職することになったんです。これまでずっと企業で経理などの管理系の仕事に就いてきましたが，丁度よい機会なので，収入は多少下がっても，以前から興味のあった非営利組織に転職したいと思い，様々な財団法人や社団法人，大学，NPOなどへの就職活動を始めました。ネットで求人を調べて，あちこちに応募しまくっていますが，ほぼすべて書類審査で落ちてしまい面接まで進めません。非営利組織への転職という目標を実現させるために，これからどのように活動していけばよいか，相談に乗っていただければと思ってご連絡しました。	「収入が多少下がっても」とか「応募しまくっています」という言葉が引っかかるものの，かなり転職先探しを急いでいる様子が気になるので，まずその理由を確認することにした。
CO 3	あちこちに応募されているとのことですが，転職先探しを急いでいらっしゃるのですか。	
CL 3	できればキャリアに空白をつくりたくないので，失業保険をもらわずに，退職後すぐに転職することを希望しています。	キャリアの空白という言葉の裏で，収入が途切れると困る問題を抱えているのかもしれない。
CO 4	キャリアに空白をつくりたくないとのことですが，今の会社を退職後も切れ目なく収入を必要とされているのでしょうか。	
CL 4	ある程度蓄えはありますし，妻も働いています。息子はまだ大学生ですが，私が稼がないと暮らして行けないわけではありません。退職したらすぐに失業保険をもらえますが，できれば何もしない状態は避けたいんです。	金銭的な問題ではないと確認できたので，転職までに空白期間があると不利益だという常識に縛られているという仮説をたてた。転職経験があれば，以前と同様に行動している可能性がある。
CO 5	お金の問題よりも，何もしない状態を避けたいのですね。失礼ですが，転職は初めてでいらっしゃいますか。	

	クライエント(CL)とカウンセラー(CO)との対話	カウンセラーの自問自答
CL 5	いいえ。3回目です。15年程前に日本企業から外資系企業に転職し、さらに数年前に今の会社に移りました。毎回、間をおかずに転職してきましたし、空白期間があるのはよくないと言われていますので。	仮説が立証されたので、ここで視点の転換をはかることを決心。新しい分野に挑戦するためには、今までとは異なる行動の選択があることを提案してみる。
CO 6	確かに一般的な転職の場合には空白期間を避ける傾向がありますね。でも今回は、非営利組織への転職を目指すという明確な目標をもっていらっしゃいます。ちょうどよい機会なので、このあたりで思い切って自分を振り返る時間をもたれることも検討されてはいかがでしょうか。その期間に、NPO法人のボランティア活動に参加されてみるとか。	
CL 6	これまではインターネットの求人情報からやみくもに応募してきましたが、ボランティアとして活動に参加したことはまだありません。ボランティアをした実績も履歴書に書けるものでしょうか。	選択肢の幅を広げられるように、ボランティアという関わり方や、失業保険をもらいながら新たにできる活動を考えることを提案する。
CO 7	もちろんです。多くの非営利組織の活動はボランティアさんの協力に支えられています。実際にボランティア活動の経験があることは、十分にアピールになるはずです。例えば、失業保険をもらえる期間を活用されて、非営利組織に無償のボランティアとして参加してみてはいかがでしょうか。	
CL 7	なるほど。無償のボランティアについても、さまざまなNPOから公募情報がインターネット上に出ていましたが、これまでは頭にありませんでした。	ボランティア活動への関心が芽生えて視野が広がってきたので、次に、非営利組織で何をしたいのかを具体的に話してもらおう。
CO 8	ご関心のあるNPOの活動にボランティアとして参加されると、各組織の実態を知る手がかりになるかもしれません。具体的にご関心のある分野はあるのですか。	
CL 8	営利企業に勤務するのはもういいと思っているだけで、社会貢献できる非営利組織であればどこでもかまわないと思っています。	非営利組織についての理解が不十分であると判断し、NPOについて少し情報提供することにした。さらに、自分が実際に貢献できることを思い描いてもらうことが、具体的な行動につながるだろうと判断した。
CO 9	例えばNPOは、社会的な使命をかかげて、その解決のために働く組織です。ご自身が共感できて、応援したいと思える団体とまず出会い、そこで働くことが社会貢献につながると実感できるとよいですね。これまでの経験のなかで、どのようなことが役に立ちそうだと思われますか。	
CL 9	英語力を含む対人関係は得意な方だと思いますし、経理や総務全般の業務経験は豊富です。例えば、若い人たちと一緒にできるような活動に参加できたらいいと思っています。	NPOの実情について、さらに情報提供。少しずつだが、NPOで働く具体的なイメージを描けるようになってきた。
CO 10	NPOは、まず社会的な課題解決ありきでスタートするので、まだ小さい組織の場合には管理系の人材が弱い傾向にあります。例えば経理に強い人材を求めている組織は結構ありますよ。	

	クライエント（CL）とカウンセラー（CO）との対話	カウンセラーの自問自答
CL 10	そうですか。小さい組織でも，自分が役立てるNPOに出会えたら嬉しいですね。	どのように役立てるのかを考えられるようになったので，ここで，現実的な課題となる収入面に関する現状認識と本人の覚悟を確認しておく必要があると判断。
CO 11	ただし，待遇面での折り合いがつくかどうかが課題かもしれません。収入は多少下がってもかまわないと考えておられても，多くのNPO法人の給与レベルは想像されている以上に低い場合が多いですから。	
CL 11	やはりそうですか。まあ，共感できる活動に出会えれば，毎月，赤字にならずに生活していける程度の給料さえもらえればよいとわりきれるかも……。これからはお金のためよりも，本当に自分が役立ちたいと思える活動に関わりたいですから。	CLが自分の言葉で表明したように，目的意識が明確になってきたので，今回選択するうえでの優先順位を考えてもらう。
CO 12	今回，転職先を見つけるうえで，ご自分にとって最も大切なことは何かをしっかりと考えておくとよいと思います。	
CL 12	これからはお金を稼ぐためというよりも，自分が本当に共感できる活動を支えるために仕事をしたいと思っています。何かを選ぶということは，何かをあきらめることでもあるのかもしれません。初心を貫くために，収入面は妥協せざるをえないということですね。	CL自身が取捨選択の必要性について言葉にしたので，CO側からもNPOへの転職は新しい環境への移行であるという認識を強調して，新たな行動様式への変容を後押しする。
CO 13	そうですね。今まで得て来た収入レベルと比較することにあまりこだわらない方が，一歩を踏み出しやすいのではないでしょうか。ある意味では全く新たな世界に挑戦されるわけですから。	
CL 13	そのためには，すぐに転職先を見つけることよりも，ボランティア活動などをして自分を慣らす移行期間があった方がかえってよいかもしれないと感じてきました。転職先はすぐに決めなくてはいけないと思い込んでいました。	視野が広がり，ひとまず向かう方向が定まってきたので，応援する気持ちを言葉にして送り出そう。
CO 14	新しい出会いに向けての探索を楽しんでみてはいかがでしょうか。必ず石川さんを必要としてくれる活動に出会われる日が来ると信じています。	
CL 14	ありがとうございます。今日は相談させていただいてよかったです。人間って，知らず知らずのうちにこれまでの自分に縛られているものですね。少し展望が開けてきました。また進展がありましたらご報告させていただきます。	

Let's think

上記のプロセスを読んで，考えてみましょう。
□まず対話のみを読んで，あなただったらどのようなクライエント像を描きますか？
□カウンセラーの自問自答を読んで，カウンセラーの発言の意図を確認してみましょう。
□あなただったら，何に焦点をあてて，どのように見立てますか？

D カウンセラーの仮説

(1) 全体方針（カウンセラーとしての行動方針，留意事項含）

　非営利組織に転職する方法を相談したいというクライエントの希望を率直に受けとめて，クライエントが非営利組織の実態や収入レベルを把握するとともに，どのような活動に参加したいのかを具体化していくプロセスが大切であるとクライエント自身が気づくことを目標として対話を進めた。

(2) 考えられる問題の可能性（相談冒頭から焦点化のプロセスを経て出た仮説）

①転職を急いでいるのは，金銭的な理由があるからなのかもしれない。
②かつての転職パターンを踏襲し，同様の行動をとっている。
③非営利組織でどのような職務を担えるのかについてのイメージが不明確。
④収入レベルの希望と現実との差について認識が甘いかもしれない。

(3) 問題を焦点化していくうえでのポイント

①「キャリアに空白をつくりたくない」のは，金銭的な理由ではなく，過去の転職活動の行動パターンを踏襲した結果であることを確認（CO4, 5）。
②新しい分野に挑戦するためには新たな行動の選択がありうることを提示（CO6, 7）。
③今回の転職で最も大切にしたいことを確認（CO12）。

E　事例のまとめ

(1) カウンセラーの見立て

◆社会的背景から

「NPO」とは「Non Profit Organization」の略称で，様々な社会貢献活動を行い，団体の構成員に対し収益を分配することを目的としない団体の総称である。収益を目的とする事業を行うこと自体は認められているが，事業で得た収益は，様々な社会貢献活動にあてることになる。このうち，特定非営利活動促進法に基づき法人格を取得した法人を，「特定非営利活動法人」という。法人格の有無を問わず，様々な分野（福祉，教育・文化，まちづくり，環境，国際協力など）で，社会の多様化したニーズに応える重要な役割を果たすことが期待されている。営利企業で長年働き，職業人生の後半に差し掛かった人の中にこのようなNPOへの転職を試みる人が少なからず出てきている。

◆クライエント自身から

社会性のある成熟した大人であり，積極的に情報収集に努めて転職活動をしているものの，非営利組織で働くことに関する知識が不足し，過去の行動パターンに縛られていた。これまでとは異なる新しい視点や行動が必要であることにクライエントが自ら気づくように対話を進め，クライエントに役立つと思われる情報提供に努めることによって，視野が開け，次の行動選択につながった。

(2) 今後の計画

面談はこの1回で完了した。

その後，このクライエントは1年間ほどの試行錯誤を経たものの，当初の目的を達成して小規模のNPOに経理・総務として就職。自分より若い青年たちの活動を後ろから支える職務を担いながら充実した日々を送っているとの挨拶状がカウンセラーに届いた。

事例 24 ハローワークを頼る高齢求職者

A 前提

相談環境
公的な職業相談機関（ハローワーク）の求職相談窓口。

申込時にクライエントから伝えられた情報
中島さん，62歳，男性。相談したいこと：再就職についての相談（希望する条件：家から近い所）3か月前に35年務めた会社を定年退職，主な職歴は経理事務。

相談の経緯
雇用保険の登録と同時に求職の申し込みを行う。再就職を希望のため，職業相談を希望し，すでに2回相談し，経理ではないが，過去の職業経験と関係の深い事務・経理補助の求人を紹介した。相談時点では本人は紹介に前向きであったが，2回とも最終的には本人の希望で，企業との面接には至っていない。今日が3回目の相談で来所。

B 来談当初の状況

場面設定
相談員が氏名を呼ぶと，慣れた様子で，待合室の椅子から直ちに立ち上がり，相談員の前に着席する。相談員は前回，前々回とともに異なり，3回目の今回も初対面。

入ってきた（会った）ときの様子
3回目の相談申し込みであったためか，恐縮した様子であり，不安げな顔をしながら，腰をかがめて，氏名を呼んだ相談員の前に，腰をかがめて着席する。相談員は，相談記録表より，今日が3回目ということに気づいている。

クライエントの最初の発言
申し訳ございません……。前回，紹介していただいたところも，よいところなんですが，家に帰ってゆっくりと考えると，もう少し，別の会社はないものかと思いまして，また参りました。もう一度，別の会社を紹介していただけないでしょうか？

C 問題を焦点化していくプロセス

	クライエント（CL）とカウンセラー（CO）との対話	カウンセラーの自問自答
CO 1	初めまして。どうぞゆっくりおかけください。前回と前々回は別の相談員がお会いしたと思います。今日は私がお話を伺います。今までご紹介した求人は，面接にいらっしゃる前にお断りになられたとのことですが，ご自宅に帰ってゆっくりと考えてみると，どちらも中島さんにはしっくりとこなかったということでしたね。申し訳なかったですね。そこで，今日はまずゆっくりとご希望を伺った方がよいかと思うのですが。	2回とも，家に帰ると気持ちが変わるのには，まだ発言していない希望の条件などがあるのではないか，しかし，相談員には言いにくい理由があるのかもしれないので，具体的な求人の紹介は控えて，希望する条件をもっと具体的に話してもらえるようにする。
CL 1	すみません……。紹介していただいた仕事の内容はどちらも，申し分ないのですが……。できればもう少し家から近いところはないか，と思いまして。	勤務地の近さ以外に希望する条件はないのか，の確認が必要と判断する。
CO 2	そうでしたか，お宅から近い，ということが，職場を探すのに非常に重要な条件なのですね。	前2回は職業履歴を重視したため，CLの希望条件を軽視した可能性があるので，改めて希望の確認が重要と考える。
CL 2	はい，2回とも，家から遠いような感じがしましたので，面接に行くのをやめて，お断りしてしまいました。もう紹介されませんか？	ゆっくりと，しかししっかりと話すのが印象的であり，距離の重要性を最優先しているようである。
CO 3	そんなことはないですよ。ご心配なく。ただ今までは，中島さんの職業経歴を生かせる仕事をご紹介するように努めていたと思うのです。長年のご経験を生かせることは中島さんが働きやすいかと思ったのです。でも，お宅からの距離を考えると，どちらも中島さんにはぴったりこなかったということですね。【CL：はい】 確かに，求職票の希望条件を拝見すると「家から近いこと」以外にはご希望は書かれていませんね。今日は，ほかにご希望があれば，お宅から近いところと合わせて，改めて探し直しましょう？　例えば前回ご紹介した企業は，どちらもご希望よりかなり距離があるとお感じでしょうか？	希望条件に話を焦点化していくことが必要であると考える。 「家から近い」というのがどのくらいの距離，あるいは時間なのかを具体化する必要があると考え，徐々に「近さ」の具体化に焦点化することを決心する。
CL 3	本当に慣れた仕事で，よいところをご紹介いただいたと思うのですが……。[沈黙し，話にくそうな様子でうつむく]もうほかのところは紹介してもらえないでしょうか？	紹介してもらえないことを心配しているということは，働きたい気持ちは強くもっていると判断する。
CO 4	そんなことはないですよ，ご安心ください。できるだけご希望に合ったところをご紹介したいと思っているのです。今までのところで，ほかにご希望に合わなかったことがあれば，具体的にお話しいただけると，探しやすいと思うのです。これまでのところは通勤に時間がかかりすぎるということでしょうか？	

事例24 ハローワークを頼る高齢求職者

	クライエント（CL）とカウンセラー（CO）との対話	カウンセラーの自問自答
CL 4	はい。できればもう少し近いところがあれば，と思いまして……。もう少し待てば近いところが見つかるかもしれないですか？	「近いこと」以外には考えられない様子。近さと働きたい気持ちの間での葛藤が起きているように見える。
CO 5	それは何とも言えませんが。いずれにしても「お宅から近いこと」が一番大切なことはわかりました。前回の2か所も前歴が生かせるだけでなく，ここに来るのと同じくらいの距離のところにあるので，かなり近いと思ったのですが，もっと近いということですね。	
CL 5	そうですね。確かに経理とか，関係した事務の仕事以外に何ができるかわかりませんが。	自分の葛藤と向かい合えるようになり出したように思える。
CO 6	でも，お話を伺っていると，お宅から近いことが今一番大切に思われるということですよね。いかがですか。差支えなければ，どのくらい近ければよろしいのか，具体的にお聞かせいただけると，別の仕事をご紹介できるかもしれないのですが，いかがでしょうか？	
CL 6	そうなのです。近ければ近いほどいいのです。[長い沈黙]実は，自宅に寝たきりの母がおりまして，家内と中心に世話をしてきました。そこで，できれば，昼休みに家に帰って食事を手伝いたいと……。わがままでしょうか？ 近ければ慣れない仕事でも，雇っていただければ一生懸命努力いたします。仕事はしたいのです。	相談員には，中島さんの働きたいという思いがひしひしと伝わる。
CO 7	昼休みに自宅に帰れるとなると，もしかしたら，フルタイムではなく，とりあえずパートの仕事なら探しやすいかと思うのですが。収入は低くなると思いますが，その点はいかがですか。	時間以外の条件（収入）の確認をしておいた方がよいと判断する。
CL 7	パートでも結構です。報酬よりも，仕事がしたいんです。	パート紹介の部署を紹介することとする。

Let's think

上記のプロセスを読んで，考えてみましょう。
□まず対話のみを読んで，あなただったらどのようなクライエント像を描きますか？
□カウンセラーの自問自答を読んで，カウンセラーの発言の意図を確認してみましょう。
□あなただったら，何に焦点をあてて，どのように見立てますか？

D　カウンセラーの仮説

(1) 全体方針（カウンセラーとしての行動方針，留意事項含）

　3回目の来談ということから就職への思いは強いと考え，前2回の相談の内容を確認する。前2回では過去の職業経歴を重視した求人紹介に焦点をあてたが，面接にさえ至らなかったことから，高齢者の場合の就職理由は多様であることを思い起こす。また就職を迫られている様子ではないので，今回は求人情報の提供を焦らず，また前職の継続にとらわれず，希望する条件の具体化を通して，働きたい理由を明らかにすることを重視する。

(2) 考えられる問題の可能性（相談冒頭から焦点化のプロセスを経て出た仮説）

①前2回の紹介先が希望に合わなかったことから，経験のある仕事にとらわれていない可能性がある。断った理由から「家から近い」ことが最優先されていることが明らかになる。
②「家から近い」ことしか希望条件に挙げられていないことから，「家から近い」という条件が具体的に何を意味するかを明らかにすることに焦点化する。

(3) 問題を焦点化していくうえでのポイント

①距離以外に考えられない状況が就職先探しにとって最も重要な条件であることが明確となったことから，前2回の相談の方針をあらため，自宅から近い距離に求人があるかどうかに絞る。
②「自宅からの距離」を優先し，希望する職種の紹介への焦点化は二次的な条件として考えることで，求職者の期待に沿えることに焦点をあてる（CO5，CO6）。
③自宅からの距離を重視する理由を明らかにし，求人の探し方を考える。
④「とりあえず働きたい」という思いの背景に焦点をあて，希望条件の重要性の意味を明確化することに焦点をあてる。パートという働き方を提案することで，働きたい意味の明確化と具体化に焦点をあてる（CO7）。

E 事例のまとめ

(1) カウンセラーの見立て

◆**社会的背景**から

この求職者は定年退職するまで,同じ企業に長年勤めてきたので,それなりの退職金もあり,経済的に就職先を探さなければならない状況にはないと仮説される。むしろ,退職後の生活への準備態勢や,老々介護という現在の社会問題が背景にあると考えられる。また,求職者にとって「働くこと」が収入源の手段だけでなく,社会との接続,個人の生きがいにつながる行為であることを退職後に認識する現状は,社会環境の急激な変化と高齢化社会の課題であると考えられる。

◆**クライエント自身**から

「希望する条件」が求職者自身の現状や将来についての願い,計画を表現している可能性が高い。「希望する仕事」が書かれていないことは,仕事の内容を重視していないと見立てられる。また,「働きたい」という希望は強いが,具体的に表現できないでいる。また「優先すべきこと」と「妥協できること」とを区別して考える経験が少ないのかもしれない。

また,就職支援の相談の場面についての思い込みがあるかもしれない。例えば,家庭のことや介護のことは他者に話すべきではないなど,介護の相談は別の関連機関で話すのであって求職相談には関係ないと思い込んでいたとも見立てられる。

(2) 今後の計画

セッションを終了する前に,配偶者(妻)の考えを聞く。あまり話していないようであれば,家に帰り,働きたいこと,再就職(パート)について配偶者(妻)と話すことを確認してみる必要がある。結果により,カウンセラーは,パートを紹介できる相談機関に電話でクライエントを紹介し,予約を取る手続きを進める。

F 本事例の全体像

■考えられる問題の可能性
❶ 仕事選びの優先事項が伝えられてない（経験よりも家の近さが重要なのではないか）。
❷ 優先事項を元に仕事を選ぶことができない（なぜ「家から近い」ことが重要なのかを把握する）。

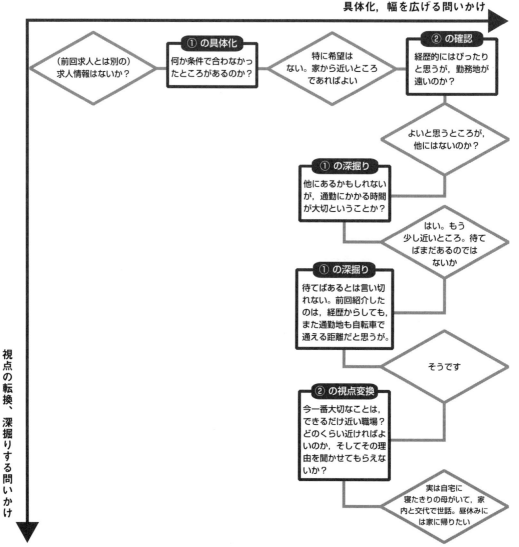

✓ 語られる内容だけでなく、『行動』として3週連続で通っている⇒ハローワークを頼りにしている、しかし家に帰ると紹介を辞退する⇒家に何かしら理由があるということを考慮した。
✓ 職探しにおいて「職歴を生かす」「適性を生かす」というのが、神聖視されすぎている傾向がある。どんな仕事を探すのかよりも、目の前の求職者と向き合うこと、求職者の真の思いを明確にする必要がある。
✓ ハローワークという、「職探し」という決まったゴールがある場合でもそこに焦点をあてすぎない。

コラム⑧　カウンセリング心理学における文脈主義と社会構成主義

　アメリカ心理学会が2012年に出版したカウンセリング心理学ハンドブックの理論編に掲載されたカウンセリング心理学の理論的変遷（The Evolution of Theory in Counseling Psychology）に関する記述の中心概念は「文脈主義（contextualism）」であった。そこには、様々な理論の統合が説かれ、社会が変化して構造が複雑になっていくなかで文脈主義に行きつく、とまとめられている。いろいろな技法を試すという折衷主義に立ち、技法だけは何でもできる姿勢とは異なる。個人の認知そのものが社会との関係のなかで起こっているので、本人との相互作用、そして社会との相互作用に焦点をあてている。

　文脈主義とは、環境の中にいる人間という意味だけではなく、個人とはその人の生きてきた経歴（Individual is a history）だという要素も含んでいる。"history" は "his story" とも読める。つまり、時間軸と場（＝空間軸）を見るのが文脈主義と言えるだろう。最近のカウンセリング心理学をみると、様々な人間の社会環境にアプローチしていて、刑務所にいる人のカウンセリングにも言及していたりする。もはや技法だけではないという時代であり、「場」で見ていくようになってきている。

　臨床的に言うと、「クライエントは時間軸と場で見る」というアプローチと同じことである。これは支援の基本中の基本であり、「キャリア」という概念は、時間軸と場という概念をつなげられるものなのである。心理学では、認知心理学が「場」、発達心理学が「時間軸」というふうに切り取りすぎの傾向がある。カウンセリング心理学は生きている一人の人間を相手にするので、時間軸と場で人を見るのは、当たり前の基本と言えるだろう。

　社会という環境のなかで、関係性のなかに自分がいるということ。そのなかにいる個がどういう軸でどういう広がりをもつかということ。そして個の力を信じることがカウンセリング心理学の核心なのである。

　一方、社会構成主義（social constructionism）は、discourse（言説）が社会によって意味が異なることに焦点をあてている。discourseは、仏語のdiscours。この単語には流れ（cours）というニュアンスも入っているので、日本語に置き換えると「脈絡がある話」と言えるかもしれない。

　文脈主義は時間の流れと環境との相互作用に焦点をあてるという考え方である。社会構成主義と文脈主義は、焦点をあてるところが違う部分もあり、重なる部分もあるが、どちらもカウンセリングにおいて人をどう見るかの土台と言えるだろう。

　社会構成主義は、言葉が社会的に構成されていることを強調し、言葉に敏感になるように促している。文脈主義では、そこにいる一人の人間に焦点をあてることを強調している。もちろん言葉はコンテクスト（＝文脈）を表すし、コンテクストからできあがってくるものでもある。

　社会構成主義は「つくられる」ということを重視し、文脈主義は「つくられる要因」に焦点をあてているように思われる。症状だけを見てはいけなくて、その人が置かれている状況を理解しないといけない。すべては変化していく。ある変化がすべての変化につながっていく。パーソナリティだけではない様々な要因が影響しているということだ。

　文脈主義も社会構成主義も、物事の見方の基礎であり、原理原則を示してくれている。日本はこのような土台となる哲学的な素養に弱い。こういう分野は重要であるにもかかわらず、これまでのカウンセリング教育のなかでは、残念ながらきちんと取り上げられていない。

【引用・参考文献】

Fouad, N. A.（Ed.）2012 *APA Handbook of Counseling Psychology*. Washington, D.C.: American Psychological Association

今後に向けて：激変する環境のなかでのカウンセラーの役割

　本書の「はじめに」に記しましたが，本書の執筆者らはカウンセリング心理学の立場を土台としています。日本では，個々のカウンセリング心理学者の特定の理論や技法の紹介は十分になされてきましたが，カウンセリング心理学という特定の分野の独自性とそれを支える理念の紹介はあまり重視されてこなかったために，カウンセラーの独自な役割や働き方を明確化することができず，そのために関連する他の専門領域との協働も不明になってきたというのが執筆者らの歴史観です。本書で取り上げた事例への対応や見立ては事例担当者の独自な取り組みなので，読者の中には「私は異なる見立てをする」と考える方がいるかもしれません。それで結構です。大切なことは，どの事例もカウンセリング心理学の理念において一致しているということです。
　読者の中には，カウンセリング心理学の背景にある理念がよくわからないと言う方も少なくないかもしれません。その場合には，土台となっている共通の理念を，本書に掲載した事例を通して発見していただきたいのです。発見を援助するために，ここでは最初に，カウンセリング心理学の背景にある理念および人間観として，カウンセリング心理学の誕生以来一貫しており，具体的な理論を超越した共通の土台となっている，社会構成主義と文脈主義について述べておきたいと思います。

人をどう見るか　社会構成主義と文脈主義
　21世紀の社会は，技術革新によって変化のスピードが速く，多種多様な情報があふれています。終身雇用や年功序列という日本的人事慣行が崩れ，従業員の誰もが自分の人生を会社に委ねることなく，自ら切り開いていくよう求められるようになりました。そのため，安定した職業に就いて成熟していくというより，様々な変化に適応できる力を身につけることが必要な時代となったと言えるでしょう。キャリアカウンセラーには，このような時代背景に生きる個を支援する役割が求められています。
　キャリアは，個人の「時間軸」としての人生と「空間軸」としての場（環境）を結びつけることができる概念です。「キャリア」に焦点をあてるカウンセラーは，否応なく変化する環境にあっても，自分らしさを発揮しながら社会のなかで役割を果たし，自分にとって意味のある人生を築きたいと願う個人を支援する専門職です。
　このように個を支援するキャリアカウンセラーにぜひ知っておいてほしいモノの見方（事象へのアプローチ）として，社会構成主義（social constructionism，社会構築主義とも訳される）と文脈主義（contextualism）が挙げられます。ちなみに，このアプローチは決して新しいものではありません，カウンセラーという専門職がアメリカにおいて生まれたころから，その基盤として認識されていました。日本でもやっとこの考え方に関心が寄せられるようになりました。社会構

成主義はカウンセリング心理学の新しい理論ではありません。モノの見方です。

ここで，私たちがこの考え方を紹介する意味を説明しておきたいと思います。

社会構成主義は，私たちが何気なく使っている言葉を，より注意深く丁寧に理解する大切さに気づかせてくれます。言葉は，各個人がこれまで社会で生きてきた経験に裏打ちされて意味づけられている，つまり社会的に構成されたものです。カウンセラーは，たった一つの単語であっても，各個人によって異なる意味をもつ可能性があることを常に意識していなければなりません。各個人が使う言葉の意味をきちんと尋ねて理解することが，カウンセリングにおいて対話を進めていく際の基本です。

例えば，文脈主義は，文脈のなかで個々の事象を捉える重要性を強調し，今まで個人が生きてきた時間軸と，ここに存在する個人が置かれた環境，つまり空間軸を意識することを喚起してくれます。人と環境との相互作用の結果として形成され，時間的流れと空間的広がりに焦点があてられる「キャリアの概念」を支える土台と言えるかもしれません。

マスコミの影響で刷り込みがなされ，特に日本では皆が同じように考え，同じように話すと思い込む傾向があるかもしれません。しかし，個人はそれぞれの現実を生きています。例えば，企業合併をサポートするコンサルティングのプロジェクトでは，多様な人々が集まるので最初の数か月は言葉の意味を確認するというやりとりがあります。これはカウンセリングにおいて言葉の意味を確認していくプロセスと同じことをやっているわけです。

また，もともとの言葉の意味と置かれている状況のなかでの意味とがあります。例えば，縦割りの組織では「異動」が否定的にとられたとしても，逆にある企業では「異動」が組織活性化の手段とされ，毎月1-2回，頻繁に異動があり，もはやあたり前となっている世界もあるのです。

かつて日本にはカール・ロジャーズの「今，ここで」だけが輸入され，カウンセリングの方法論ばかりに目がいきすぎてきたかもしれません。グローバル化やテクノロジーの進化など，いろいろなことが起きている現代であるからこそ，カウンセリングの土台となるモノの見方をしっかり押さえておくことが，カウンセラー自身のぶれない基盤につながると言えるでしょう。

つまり，言葉の意味に敏感な姿勢がないと，育って来た背景が異なる相手からの言葉を自分でかってに解釈し，意味を確認しないままに批判してしまうことも起こります。相手を尊重するということは意味を確認することです。そういう意味での「今，ここで」が大切であり，それが知性というものではないでしょうか。

最近は，欧米のカウンセラー教育のなかで，多文化（multicultural）に関する話題が多く，文化（culture）の違いによって，同じ注意の仕方でも捉え方が異なるという観点でカウンセラー教育がなされていないという質的な調査もあります。国や文化による違いだけでなく，同じ国のなかでも様々な社会階層によって異なるでしょう。育った環境のなかで植えつけられている違いがあるということをカウンセラーは知っていなければなりません。日本の産業界でも教育機関でも文化を異にする人々を受け入れ，ともに生活するようになっていますので，

カウンセラーはもちろんも教師や人事担当者も，そういう意識をもつことが求められています。

グローバル時代を支える対話力（社会構成主義の現代的意義）

　技術の発達によって，情報も物もお金も人も，地球上を駆け巡るようになり，地球規模を表すグローバル（global）という言葉が氾濫しています。ひと昔前に流行した「国際化」は，外国で通用することを意味したので，日本と外国を「内と外」というように使い分けることができました。しかし，「グローバル化」の場合，国内市場はグローバル市場の一部となるため，国内も国外も統一基準の適応が求められるという点で，国際化の時代とは異なる展開となっていることを肝に銘じる必要があります。

　グローバル化が叫ばれる一方で，地球上の各地域には，そこで育まれた言語や文化，社会制度があるため，各地域間における場所・時間・技術格差といった複雑さが存在しています。そのため，例えば皆で英語を話すなど，地球全体に同じルールを適応しようとしても，異なる背景をもつ人と人が円滑なコミュニケーションをするためには，対話を通して相互の意図や解釈をよく確認し合うことが，より一層大切になっています。

　グローバルスタンダードには自国も含まれます。かつての日本の国際化は英語ができて他国で通用するということでしたが，グローバルは自国でも他国でも通じるということが求められます。しかしながら，日本のグローバル教育はまだ英語教育に終始している感がいなめません。日本は同質性が高い国だったため，人間関係においては，だまっていてもわかり合える，言わなくてもわかる，という傾向が見られます。しかし実際は，人は皆それぞれ異なる現実を生きているので，同じ言葉でも人によってその意味する世界はずれているかもしれないのです。つまり，グローバル化時代だからこそ，人と人のコミュニケーションの基本に立ち返り，お互いの意図を伝え合うために対話に努めることがとても大切です。

　したがって，グローバル社会のなかで多様性を認め，多様性のなかにある相互関係を見出していく対話力が求められているのです。

キャリアから working へ

　職業心理学（vocational psychology）の関心は，個人と仕事とのマッチングである職業選択（occupational choice）に始まり，個人の職業人生の発展に焦点をあてるキャリア発達（career development）を経て，より広い意味での仕事（work）と関係性（relationship）に目を向ける方向に進んでいます。

　広い意味での仕事には，労働市場においてお金を稼ぐために働く賃金労働（market work）だけでなく，社会のなかで，町内会の当番，マンションの理事会，PTA役員，子育て，家族の介護など，様々な役割を果たすために働く非賃金労働（personal care work）も含まれます。人は，仕事上の人間関係（market work relationships）だけでなく，家族や友人，ご近所との個人的な人間関係（personal relationships）に囲まれて生活しています。その全体像のなかでより意味の

ある人生を歩むことに焦点があてられるようになってきているのです。

　これまでは，キャリアと言えば，原則として賃金を得る職業人生に関する話であることが前提でしたが，今では，それ以外の生活を含めた人生全体の満足度を考える方向へと向かっています。キャリアという概念には人生という意味も含まれているからです。

　特に高齢化社会へと向かう日本では，この社会の変化に応じて，キャリアの概念を捉えなおし，雇用という視点だけではなく，意味ある人生を送ることに目を向けることが求められています。年金生活者となってからも，キャリアは終わっていないのです。資格取得者が増えているキャリアコンサルタントも，高齢者が働き続けるためにあるようなものかもしれません。これからは，キャリアを主に企業での雇用労働の範囲で考えるのではなく，より幅広く，家庭や地域を支える働きを含めて，社会の一員として働く一人ひとりが意味のある人生を送れるように支援していくことが求められています。

　実際，アメリカでは，20世紀末頃から「キャリア」についての議論が始まりました。キャリアは家庭や社会でのあらゆる活動を包含し，収入を得るための職業だけのことではないという指摘が出てきたのです。キャリアに関する研究は，働きたくても働けない状況にある人々を含む社会的立場の異なる人々の社会の一員としての働きにまでは目を向けてこなかったという批判もされるようになりました。その議論のなかで，「キャリア」という言葉ではなく，workingという言葉を使おうとする新たな動きが生まれています。workingの和訳は，「働くこと」「仕事（をすること）」「労働（すること）」などであり，残念ながらうまく日本語になりませんが，少なくとも，働くことの多様な意味に目を向けるきっかけを与えてくれる言葉だと言えるでしょう。

　そもそも働くこと（working）の概念の根底には，「人は他者との関係性のなかで生き成長している。他者との関係なくして生きられない」という社会的存在としての人間という人間観があります。したがって，賃金労働としての生活の保持や社会的地位を意味する職業だけではなく，賃金を伴わないボランティアワークや奉仕活動もまた働くことであり，障がいをもつ人のように一見他者の手助けを受けることで生活できる人であっても，存在すること自身が，他者に影響を与えているという意味で，働いていると言えるのです。

　アメリカに比べると，日本では「職業に貴賎なし」という思想が浸透しているかもしれませんが，どんな仕事も社会を支えるために必要な役割です。今後，定年が延長され，長く働く高齢者が増える組織では，一定年齢になった高齢者が，部下を上司として受け入れ，改めて組織を下から支える立場に新たな意味を見出せる仕組みを浸透させることが重要となるでしょう。また，高齢になってからも，地域社会を支える様々な役割を引き受けることで，意味ある人生を構築していくことができるのです。

カウンセリング心理学の背景にある理念および人間観
　すでに読者の皆様は，カウンセリング心理学の土台となっている共通の理念を，本書に掲載した事例にあるカウンセラーの自問自答を読みながら発見されているかもしれません。それでもあ

えて，本書の最後に言語化することで，以下の人間観を明確にお伝えしたいと思います。

- 個人はすべての行為の主体であり自立的存在である人格としての尊厳をもつ。人格は理性的本性と自由とを所有しているので，自分のことは自分で決定し，自分と他人とに対する責任をとることができる。
- 人は成長する存在である。一人ひとりが自分を知り，自分で考え，自分で決める力を養うことで，自分が成長し社会に役立つことに喜びを感じる。
- 個人は社会のなかで成長し，社会（環境）との相互作用なしには存在しえない。

この人間観を土台とする次のような価値観や信念が，本書で紹介したすべての事例を貫いています。

1) 個人の深層の心理的力よりも，個人とその環境（対人的，対社会的など）との葛藤という角度により重点を置く。
2) 援助の目標を，個人が自己および自分の生きる現実を認知し，それと対面し，現実と取り組む能力を育て，現実（環境）のなかでその人らしく生きることに置く。
3) 個人の選択，価値，可能性を重視して，悪いところを直すのではなく，成長につながる個々人の体験に焦点をあてることで，発達を促す。
4) 未来を信じる。どのように意思決定したかを認識していれば，予想との違いにも気づき対応できるので，今できる最善のことを選択する。

カウンセリング発祥の地であるアメリカでは，理念が重視され，はっきりと理念について謳われています。明確になっていなければ忘れられてしまいがちだからこそ，しっかりと肝に銘じるように言語化されているのです。

課題を前にして，理念そのものが問題を解決するわけではないとしても，確固とした理念を有するカウンセラーは，それに基づいて問題を解決する方法を考えることができるはずです。クライエントが抱える課題に共に向き合うプロセスは，カウンセラー自身の理念，つまり人間存在の本質に関する考え方，価値観，信念に左右されるのです。

【引用・参考文献】

渡辺三枝子　2002　カウンセリング心理学―カウンセラーの専門性と責任性　ナカニシヤ出版
渡辺三枝子（編著）2013　キャリアカウンセリング再考―実践に役立つQ&A　ナカニシヤ出版
渡辺三枝子（監修）藤田有香　2010　リハビリテーション・カウンセリング　ナカニシヤ出版
渡辺三枝子・ハー，E. L.　2001　キャリアカウンセリング入門―人と仕事の橋渡し　ナカニシヤ出版
Richardson, M. S.　2012　Counseling for work and relationship. *The Counselling Psychologist,* **40**(2), 190–242.

後　記

　有資格のキャリアカウンセラー（コンサルタント）が増える日本の現状を先取りしたわけではなかったのですが，私どもは，社会環境の急激な変化に対応できない日本社会に生きる私どもの近未来への対応策として，日本における専門的な実践家としてのキャリアカウンセリングの重要性に気づき，日本におけるキャリアカウンセラー教育の質の向上を検討してきました。検討結果のひとつとして，本書の企画が生まれました。

　地球上の各地に起きている回避不可能な変化のなかで，個々人の健全な在り様（well-being）の保障と個人の生活基盤である社会環境の発展に貢献することこそが，カウンセリング心理学誕生の原点であることを再確認した私どもは，日本社会におけるキャリアカウンセリングの独自な存在意義について，かなりの時間を議論に費やしました。その結果，様々な理論や技法についての素晴らしい書物や研修は広まっているものの，社会の変化のなかで独自の活躍ができるキャリアカウンセラーをプロフェッショナルとして育成する機関がきわめて少なく，カウンセラー教育の専門家も少ないことに気づきました。また，その原因は，カウンセラーという言葉と関連する技法や理論は数多く紹介されましたが，カウンセラーを専門職として育成する教育システムと理念が真剣には検討されてこなかったことにあるのではないかという結論に至りました。

　社会の要請に応じるために，「今，キャリアカウンセラーの専門職化には何が求められるのか」について私どもは，現状への嘆きから始まり希望に至る多岐にわたる議論の結果，カウンセリングを学習しているひとが自分で学び成長することを援助できる書物をつくるという合意に至りました。このような私どもの願いについて，ナカニシヤ出版編集部の山本あかねさんと話し合い，書物化することの可能性を幾度も検討しました。その結果，理論の説明書でもなく，技法の解説書でもないもの，あくまでも読者が自分と向かい合って自分の力でカウンセラーとしての専門性を発展させる道を探る入門書を上梓することで意見が一致しました。

　そして，キャリアカウンセラーが関わる可能性の高いクライエントの年齢層と課題，カウンセラーの働く環境などを検討した結果，24 の事例ができあがりました。本書では中学校や高校でのカウンセリングは取り上げませんでした。その理由は，中等学校におけるキャリアカウンセリングの最も効果的な在り方は進路指導（キャリアガイダンス）の一環として教師が（学校カウンセラーがいる場合には協力して）実施される活動だからです。

　このような私どもの希望を叶えるために由浅啓吾さんが編集に加わってくださり，出版を実現してくださいました。従来の書物とは異なった様式かつ内容となりましたのも，ナカニシヤ出版のお二人の我慢強いご支持のおかげです。無理な要求を専門的視点から心よくご検討くださり，書物にまとめてくださいましたことを心より感謝申し上げます。忍耐強くお手伝いくださった宍倉由高編集長様をはじめ山本様と由浅様に深甚よりお礼申し上げます。また，読者の皆様には，この新しい試みに対して，忌憚のないご意見をいただければ幸いです。

2016 年 7 月
執筆者を代表して　渡辺三枝子

■ 執筆者一覧（五十音順）

【編著者】
渡辺三枝子（わたなべ・みえこ）
筑波大学名誉教授。
筑波大学教授，同キャリア支援担当特命教授，立教大学大学院特任教授を歴任。
ペンシルバニア州立大学大学院博士課程修了，Ph.D. 取得（カウンセリング心理学・カウンセラー教育専攻）。

【執筆者】
大庭さよ（おおば・さよ）
医療法人社団弘富会神田東クリニック／MPSセンター・センター長。
慶應義塾大学大学院社会学研究科博士課程単位取得満期退学。

岡田昌毅（おかだ・まさき）
筑波大学大学院人間総合科学研究科生涯発達科学専攻教授。
新日本製鐵株式会社，新日鉄ソリューションズ株式会社において電気系設備エンジニアリング，新規事業，人材育成に従事し，2006年11月から現職。筑波大学大学院教育研究科カウンセリング専攻修了 名古屋大学大学院教育発達科学研究科博士後期課程心理発達科学専攻修了 博士（心理学）。

河田美智子（かわだ・みちこ）
株式会社日本能率協会マネジメントセンター，ラーニングデベロップメント本部。
日本大学商学部非常勤講師，和洋女子大学人文学部非常勤講師。
早稲田大学大学院文学研究科修士課程心理学専攻修了。
慶應義塾大学大学院政策メディア研究科後期博士課程在籍中。

黒川雅之（くろかわ・まさゆき）
高千穂大学人間科学部非常勤講師。
日本製粉株式会社にて人事制度構築，採用，人材開発業務に従事。リクルートキャリア相談センターキャリアカウンセラー，高千穂大学経営学部准教授を経て現職。
筑波大学大学院教育研究科修士課程カウンセリング専攻修了。

田中勝男（たなか・かつお）
公認会計士田中勝男事務所代表。
中央大学総合政策学部非常勤講師。
アーサーアンダーセンでビジネスコンサルティング業務，社内の人材開発業務に従事したあと，リクルートで学生および若手社会人向けのキャリアカウンセラーを経て，現職。
筑波大学大学院教育研究科修士課程カウンセリング専攻修了。

中村　恵（なかむら・めぐみ）
特定非営利活動法人国連UNHCR協会職員。
国連難民高等弁務官事務所（UNHCR）職員を経て，現職。
筑波大学大学院教育研究科修士課程カウンセリング専攻修了。

道谷里英（みちたに・りえ）
順天堂大学国際教養学部先任准教授。
人事コンサルティング業務に従事した後，通信関連企業における人事およびキャリアカウンセラー，筑波大学キャリア支援室専任教員，文京学院大学経営学部准教授を経て，現職。
筑波大学大学院人間総合科学研究科生涯発達科学専攻修了，博士（カウンセリング科学）。

キャリアカウンセリング実践
24 の相談事例から学ぶ

2016 年 8 月 20 日	初版第 1 刷発行
2025 年 2 月 20 日	初版第 8 刷発行

（定価はカヴァーに表示してあります）

編著者　渡辺三枝子
発行者　中西　良
発行所　株式会社ナカニシヤ出版
〒 606-8161　京都市左京区一乗寺木ノ本町 15 番地
　　　　　　Telephone　　075-723-0111
　　　　　　Facsimile　　075-723-0095
　　Website　　http://www.nakanishiya.co.jp/
　　E-mail　　iihon-ippai@nakanishiya.co.jp
　　　　　　郵便振替　01030-0-13128

装幀＝白沢　正／印刷・製本＝創栄図書印刷
Copyright © 2016 by M. Watanabe
Printed in Japan.
ISBN978-4-7795-1092-2

本書のコピー，スキャン，デジタル化等の無断複製は著作権法上の例外を除き禁じられています。本書を代行業者の第三者に依頼してスキャンやデジタル化することはたとえ個人や家庭内の利用であっても著作権法上認められていません。

新版　カウンセリング心理学
カウンセラーの専門性と責任性

渡辺三枝子［著］

「カウンセリングの意義，独自性とはなにか？」といったアイデンティティの問題と，個人の生活の場である環境を見定める技量，そして個人の尊厳を守り個人の全人的成長と発達に寄与するということをカウンセリングの基本的問題として論点を整理したテキスト。

四六判・178 頁・2,000 円

キャリアカウンセリング入門
人と仕事の橋渡し

渡辺三枝子・E. L. Herr［著］

キャリアカウンセリングをめぐる混乱した状況を整理した上で，その背景となる理論について概観。キャリアカウンセラーとして，どのような援助ができるのか，援助と介入の具体的な技法，そしてカウンセラーの養成プログラムなどについて論じた初めてのスタンダード・テキストブックです。

四六判・208 頁・2,200 円

新版　キャリアの心理学［第 2 版］
キャリア支援への発達的アプローチ

渡辺三枝子［編著］

キャリア・カウンセリングの基盤となる理論を 9 名の代表的研究者を取り上げて解説。改訂にあたり，「理論を学習する意味」をより強調し，変化していく理論をより正確に記述，関連性の近い理論家で章を配置しなおした

四六判・264 頁・2,000 円

キャリアカウンセリング再考
実践に役立つ Q&A

渡辺三枝子［編］

「クライエントに寄り添うことだけが援助か？」など，キャリアカウンセリングの実践場面で直面する 50 の課題や疑問を取り上げる。
その回答から基礎知識を確認し，キャリアカウンセラーとしてのアイデンティティの明確化を図る。

四六判・238 頁・2,400 円

キャリアを支えるカウンセリング
組織内カウンセリングの理論と実践

道谷里英［著］

組織を支援できる支援者の育成に向けて──
産業・組織心理学及びカウンセリング心理学の知見をふまえた，組織内カウンセリングによる，若年就業者の適応を支援するための方策を検討する。

A5 判・144 頁・2,500 円

自立へのキャリアデザイン［第 2 版］
地域で働く人になりたいみなさんへ

旦　まゆみ［著］

なぜ働くのか？　ワーク・ライフ・バランス，労働法，雇用環境，働き方と働く場所……グローバルに考えながら，地域で働きたい人のために豊富なワークシートと図表を駆使して学ぶ最新テキストブックの改訂版。

B5 判・118 頁・1,800 円

表示の価格は本体価格です。